DIE KOCH PROFIS

DAS KOCHBUCH

Bibliografische Information der Deutschen Bibliothek
Die Deutsche Bibliothek verzeichnet diese Publikation in der Deutschen Nationalbibliografie;
detaillierte bibliografische Daten sind im Internet über *http://dnb.ddb.de* abrufbar.
© 2008 vgs
verlegt durch EGMONT Verlagsgesellschaften mbH; Gertrudenstraße 30–36, 50667 Köln
© 2008 RTL II
Fotos: © FinePic, München – www.finepic.de – Helmut Henkensiefken
Layout und Umschlaggestaltung: UNO, München
Artdirection/Produktion: UNO, München
Redaktion: Gertrud Köhn, München
Styling/Requisite: Monika Drexel
Küchenassistenz: Amelie Mayer
Maske: Gabi Pachmayr
Lieferanten: kustermann.de, ess-art.de, farrow-ball.com
Lithografie: UNO, München
Druck: Firmengruppe APPL, aprinta druck, Wemding
ISBN 978-3-8025-1763-1
www.vgs.de

DIE KOCHPROFIS – das sind vier Köche, die bei RTL II angetreten sind, um kulinarischen Pfiff in deutsche Küchen zu bringen. Ihre Mission ist eindeutig: Schluss mit fadem Kücheneinerlei und schlecht schmeckendem Essen!

DIE KOCHPROFIS sind aber auch:

ALLE »MEINE« KÖCHE,

mit denen ich Sie hier bekannt machen möchte. Bevor ich beginne, möchte ich mich kurz vorstellen:
1998 hatte ich die Idee, Köche zu vermarkten. Genauer gesagt: Köche aus der Spitzengastronomie. Nie hätte ich mir damals träumen lassen, was einmal daraus wird. Der Anfang bzw. die ersten zwei Jahre waren mehr als schwierig, und zwingende Aufgabe war und ist es für mich immer noch: Man muss die Köche verstehen. Unterschiedlichste Charaktere und Individualisten gilt es unter einen Hut zu bringen. Anfangs war ich bei fast allen Events dabei, habe Essen vor Ort verkauft, aufgeräumt, geputzt und nebenbei alles organisiert. Natürlich versuchte ich mich auch »in Küchenarbeiten«. Dabei habe ich festgestellt: Koch zu sein ist ein Knochenjob. Neben enormem Durchhaltevermögen ist die Liebe zu diesem Beruf in der Topgastronomie unabdingbar. Bei mir ist ein tiefes Verständnis für die Kochprofis gewachsen und insbesondere diese Vier sind aus meinem Leben nicht mehr wegzudenken. Jetzt möchte ich sie Ihnen gern vorstellen ...

EINGANG

SOOO LIEBENSWERT – RALF ZACHERL

Ralf und mich verbindet mittlerweile nicht nur eine
sehr bewegte TV-Karriere. Dabei wollte er nie ins
Fernsehen. Nicht einmal für Fotos hat er sich gerne
zur Verfügung gestellt. Und wie die meisten Köche:
Er frühstückt nicht gern, und so lernte ich ihn 2000
im Berliner Schwarzen Café bei einem Milchkaffee
kennen. Freundlich, zurückhaltend und sehr höflich,
das waren meine ersten Eindrücke von Deutschlands
jüngstem Sternekoch – er hatte bereits mit 26 Jahren
einen Michelin-Stern bekommen.

Derweil wurde Ralf zum Berliner Meisterkoch-Auf-
steiger gewählt und seine Freude darüber merkte
man deutlich. »Was sage ich denn bloß über meinen
Kochstil, wo ich mich doch eigentlich gar nicht fest-
legen will?«, fragte er mich, nachdem er der Presse
mehr über sich verraten sollte. »Ach, sag einfach, du
machst eine kreative Spontanküche.« Kurze Zeit später
schlug ich ihm vor: »Ralf, lass uns mal einige Castings
mitmachen. Dabei verlierst du deine Kameraphobie
und kaum jemand sieht dich dabei.« Das, was ich mir
erhofft hatte, passierte letztlich auch: Ralf bekam
eine eigene Kochshow. 300 Folgen »Zacherl: Einfach
kochen!« wurden produziert.

Als dann die Zusage von RTL II für DIE KOCHPROFIS
kam, war Ralfs erste Reaktion: »Jetzt wird mein Leben
bunt.« Zum Glück ist bis heute keine Langeweile in
Sicht, und es sind weit über 50 Folgen DIE KOCHPROFIS
aufgezeichnet worden. Was immer auch kommt, Ralf
hat von mir das Versprechen: Wir halten zusammen.
In guten und in schlechten Zeiten.

HALB SO »WILD« – STEFAN MARQUARD

»Stefan, was kochst du?« fragte ich ihn 1999 anläss-
lich eines Showauftritts bei der ProWein in Düsseldorf.
»Suppenfleischsalat mit Bananen-Safran-Pesto und
Butterfisch«, lautete seine spontane Antwort. »Wie
schmeckt denn das?«, wollte ich wissen. Und er: »Keine
Ahnung.« Wahrscheinlich wird er doch zumindest »in
etwa Ahnung« gehabt haben, denn vor Ort sammelten
sich meterlange Menschenschlangen vor unserem
Stand. Eine knappe Stunde hat es gedauert und
unsere mitgebrachten 1000 Probierportionen waren
vergeben. Dabei sollte unser Essen doch für gute
fünf Einsatztage reichen. Das ist bezeichnend für ihn:
Stefan ist immer für Überraschungen gut.

Ihn kenne ich übrigens am längsten von allen Köchen.
In diesem Jahr, in dem unser DIE-KOCHPROFIS-Buch
erscheint, sind es zehn Jahre (Stefan, weißt du das
überhaupt?).

Zwei Herzen scheinen in der Brust des im Sternzeichen
Zwilling Geborenen zu schlagen: Da gibt es einmal den
Party-Stefan, aber auch den Familien-Stefan. Letzterer
hat in den vergangenen zehn Jahren deutlich mehr
Gewicht bekommen: Stefan ist inzwischen stolzer
Vater von zwei wundervollen Söhnen.

Charakterlich hat er sich im Laufe der Zeit überhaupt
nicht verändert. Er ist ein überaus liebenswerter Opti-
mist und einer der genialsten Köche, die ich kenne.
Stefan war es übrigens, der mich zu Ralf Zacherl
schickte: »Geh mal den Ralf besuchen, wenn du in Berlin bist«, sagte er im Jahr 2000. Und das tat ich auch.

»SONNYBOY«
MARIO KOTASKA

Mario Kotaska habe ich Anfang 2000 in Berlin kennen-
gelernt. Damals war er Souschef (Stellvertreter des
Küchenchefs) bei Wolfgang Müller im »Adermann«
in Berlin. Den »Sonnyboy« in ihm konnte man schon
damals gut erkennen.

Zumindest war sofort klar: Mario ist ein intelligenter
und leidenschaftlicher Koch. Gemeinsam mit Wolfgang Müller erkochte er 2001 einen Michelin-Stern,
aber schneller als dieser verdient war, war das kurze
Glück beendet. »Was hältst du von einem Umzug nach
Köln?«, fragte ich ihn. Ich glaube, im ersten Augenblick
begeisterte es Mario nicht, die coole Hauptstadt zu
verlassen. Aber letztlich wollte er wieder arbeiten und
natürlich den begehrten Stern irgendwann einmal
zurückkochen. Seit 2003 leitet er die Küche des
Kölner »La Societé« und bekam 2006 wieder einen
Michelin-Stern.

Da Mario weiß, dass Gourmetführer jemanden, der in
der zweiten Reihe steht, meist nicht berücksichtigen,
bestand er als bekennender Teamplayer darauf, seinen
Souschef Dominic Jeske als ebenbürtigen Küchenchef
zu nennen. Schließlich hält Dominic die kulinarischen
Fahnen des »La Societé« während Marios Dreharbeiten
hoch und Mario ist unendlich dankbar, eine so treue
und fleißige Seele an seiner Seite zu haben.

Mittlerweile ist Mario auch stolzer Vater eines kleinen
Sohns. Und Köln ist seine neue Heimat geworden, er
liebt diese Stadt. Ich weiß aber nicht genau, ob er Köln
mehr liebt als den FC Schalke 04.

»FRAUENSCHWARM«
MARTIN BAUDREXEL

Kaum zu glauben, aber Martin ist mein »Adoptivkind«.
Kurz vor Beginn der KOCHPROFIS-Castings habe ich
ihn von einer Münchner Agentur übernommen, die sich
kurzfristig auf andere Schwerpunkte konzentrieren
wollte. Bald danach kam schon das Okay, dass auch
Martin einer der KOCHPROFIS wird: Schneller als nach
unserem Kennenlernen kam zuvor noch nie eine Fern-
sehkochkarriere zustande.

Dabei war das genau Martins Wunsch: Er wollte gerne
einmal im Fernsehen kochen. Und manchmal ist es ja
wirklich so: Die Dinge kommen zur richtigen Zeit am
richtigen Ort zusammen. Mittlerweile ist Martin stolzer
Besitzer des Restaurants »Rubico« in München, und
wenn ich mich nicht irre, hat er die meisten Aufzeich-
nungen von DIE KOCHPROFIS mitgemacht.

Martin ist ein spontaner Mensch mit viel Optimismus
und einer ordentlichen Portion Geduld. Starallüren
sind ihm fremd und er schreibt auf die Kochanfragen
der Fans und Zuschauer immer noch gerne zurück
– was viele offenbar gar nicht glauben können, da mir
bisweilen die Frage gestellt wird: »Sag mal, schreibt der
auch wirklich selber?«

Ansonsten tut Martin offen kund, was ihm am Herzen
liegt! So ist er, wie auch die anderen drei KOCHPROFIS,
ein bekennender Gegner von Geschmacksverstärkern
und wünscht sich, dass mehr Menschen auf gute
Zutaten achten.

Viel Spaß mit unserem ersten DIE-KOCHPROFIS-
Kochbuch und vor allem »Guten Hunger« ...

Manuela Ferling

Fleisch braucht Ruhe

Damit der Fleischsaft nicht ausläuft: Gegartes Fleisch vor dem Anschneiden immer ein paar Minuten zugedeckt ruhen lassen.

schnell gepellt

Pellkartoffeln nach dem Garen mit kaltem Wasser abschrecken, dann 10 Minuten zugedeckt stehen lassen – so pellt sich's kinderleicht.

Pasta mit Biss

Nudeln mit Qualität, sehr viel Wasser, großzügig Salz – das gibt Pasta wie beim Italiener.
Faustregel:
100 g Nudeln,
1 l Wasser, 1 EL Salz
– basta!

Der Inhalt macht's!

Bei Brühe, Sojasauce, Currypaste & Co. immer auf die Zutatenlisten achten: Geschmacksverstärker (Glutamat) und Farbstoffe haben im Essen nichts zu suchen!

Kräuter schneiden

Ein scharfes Messer ist alles, was man zum aromaschonenden Schneiden von Kräutern braucht. Wildes Hacken oder gar elektrische Zerhacker zerstören die Blattzellen und das Aroma geht verloren.

Schwebend garen

Fleisch gart schön rosa und Fisch wird herrlich saftig, wenn die Hitze von allen Seiten gleichmäßig dran kommtkommt: Am besten im Backofen auf dem Gitter.

Sanftes Tauwetter

So bleiben TK-Lebensmittel schön saftig: Fleisch, Gemüse oder Meeresfrüchte in einem Sieb in eine Schüssel hängen und im Kühlschrank langsam auftauen lassen. Große Hitze dagegen zerstört das Zellgewebe und die Lebensmittel laugen aus.

KLASSIKER

DREIERLEI LACHS: CRISPY LACHSLOLLIS, BUTTERLACHS UND GEBACKENES LACHSTATAR

Zutaten (für 4 Personen)

4 Wan-Tan-Blätter (aus dem
   Asienladen; tiefgekühlt)
180 g Ikarimi-Lachsfilet
100 g geräuchertes Lachsfilet
Salz ~ Pfeffer aus der Mühle
Zucker ~ Koriander aus der Mühle
Saft von 1 Zitrone ~ 50 g Cornflakes
50 g geschälte Sesamsamen
Öl zum Frittieren

**Für die Kräuterbutter
und Zwiebelschmelze**

2 Knoblauchzehen
1 kleine Zwiebel
1–2 Rosmarinzweige
1–2 Thymianzweige
1–2 Petersilienstiele
1 EL Butter ~ Zucker
Salz ~ Pfeffer aus der Mühle
Koriander aus der Mühle

Für die Marinade

3 Knoblauchzehen
2 rote Chilischoten
Saft von je 1 Orange und Zitrone
8 EL helle Sojasauce ~ 2 EL Sesamöl
1 TL Honig ~ 4 EL Austernsauce

01 Die Wan-Tan-Blätter auf der Arbeitsfläche auslegen und auftauen lassen.

02 Für die Kräuterbutter 2 Knoblauchzehen und die Zwiebel schälen und in kleine Würfel schneiden. Die Kräuter waschen, trocken schütteln und die Petersilienblätter fein schneiden. Die Butter in einem Topf erhitzen und die Rosmarin- und Thymianzweige mit Petersilie, Knoblauch, 1 Prise Zucker, Salz, Pfeffer und Koriander andünsten. Die Kräuterzweige wieder entfernen.

03 Die Hälfte der Kräuterbutter in einer Pfanne erhitzen und die Zwiebelwürfel darin anbraten, bis die Ränder braun werden. Die Pfanne vom Herd nehmen.

04 Für die Marinade den Knoblauch ebenfalls in kleine Würfel schneiden. Die Chilis putzen, waschen, längs halbieren, entkernen und in kleine Würfel schneiden. Mit den übrigen Marinadenzutaten verrühren und durch ein Sieb gießen.

05 Vom Ikarimi-Lachs 8 Stücke von je 2 cm Breite und 6 cm Länge schneiden, das restliche Filet beiseite legen. Für die Lollis auf 4 Holzspieße je 1 Lachsstück stecken und in der Marinade 5 bis 10 Minuten ziehen lassen.

06 Für das Tatar das restliche Ikarimi-Lachsfilet und den Räucherlachs in kleine Würfel schneiden, mit der erkalteten, noch flüssigen Zwiebelschmelze und Zitronensaft mischen, mit Salz, Pfeffer, Zucker, Koriander abschmecken und zu kleinen Bällchen formen. Die Wan-Tan-Blätter in sehr feine Streifen schneiden und die Lachsbällchen in den Streifen wälzen. Backofen auf 60 °C vorheizen.

07 Die 4 restlichen Lachsstücke auf das Ofengitter legen, mit Salz und Koriander würzen. Mit der erkalteten, aber noch flüssigen Kräuterbutter einstreichen und im Backofen 9 bis 12 Minuten glasig garen.

08 Die Cornflakes zerdrücken und den Sesam in einer Pfanne ohne Fett rösten. Sesam und Cornflakes vermengen und die marinierten Lachslollis rundherum darin wenden. Das Öl in einem Topf auf 170 °C erhitzen.

09 Die Lachsbällchen im heißen Öl ganz kurz goldbraun frittieren (das Tatar soll roh bleiben). Die Bällchen mit einem Schaumlöffel herausheben und auf Küchenpapier abtropfen lassen. Die 3 Lachsvariationen auf Tellern anrichten. Dazu passt mit Sprossen vermischter Hüttenkäse oder Kartoffel-Rucola-Salat.

BELUGA-LINSEN-SALAT

Zutaten (für 4–6 Personen)

200 g Beluga-Linsen
400 ml Gemüsebrühe
150 g Schalotten
1 Knoblauchzehe
1 Möhre
1 Stück Ingwer (ca. 2 cm)
1 Chilischote
3 Estragonstiele
1 Limette
Olivenöl zum Anbraten
100 ml Portwein
Salz
Pfeffer aus der Mühle
bestes Olivenöl oder Butter
   zum Abschmecken

01 Die Beluga-Linsen in ein Sieb abgießen und abbrausen, bis das Wasser klar abläuft. Die Gemüsebrühe erhitzen.

02 Die Schalotten und den Knoblauch schälen und in kleine Würfel schneiden. Die Möhre schälen und in kleine Würfel schneiden. Ingwer schälen und fein reiben. Chilischote putzen, waschen, längs halbieren, entkernen und in kleine Würfel schneiden. Estragon waschen, trocken tupfen und die Blätter fein schneiden. Von der Limette den Saft auspressen.

03 Etwas Olivenöl in einem Topf erhitzen. Schalotten, Knoblauch und Möhre darin andünsten. Die Linsen hinzufügen und kurz mitdünsten. Den Portwein angießen und einkochen lassen. Dann so viel Gemüsebrühe hinzufügen, bis die Linsen bedeckt sind, und unter Rühren einkochen lassen. So fortfahren, bis die Linsen gar sind. Erst dann Ingwer, Chili und Estragon unter die Linsen heben. Den Linsensalat vom Herd nehmen, mit Limettensaft, Salz und Pfeffer abschmecken.

04 Wenn man den Linsensalat warm servieren möchte, mischt man noch ein paar Stückchen Butter unter. Soll der Salat kalt serviert werden, bestes Olivenöl unterrühren.

Beluga-Linsen haben eine relativ kurze Garzeit. Man muss sie also nicht unbedingt **einweichen**. Ich finde jedoch, dass sie gleichmäßiger garen, wenn sie vorher über Nacht in Wasser liegen.

VITELLO-TONNATO-LASAGNE MIT RIESENGARNELEN IN LIMETTEN-VINAIGRETTE

Zutaten (für 4 Personen)

Olivenöl zum Braten
200 g Kalbsrücken (ausgelöst)
200 g Thunfischfilet
60 ml Geflügelbrühe
12 hauchdünne Scheiben
 Knollensellerie (geschält)
4 Riesengarnelenschwänze
 (geschält) ~ 2 Limetten

Für die Sashimi-Marinade
je 1 Bio-Zitrone und Bio-Orange
2 Thai-Chilischoten
80 ml Sojasauce ~ 1 EL Sesamöl
1 EL geriebener Ingwer
1 TL Wasabi ~ 2 EL Honig

Für die Thunfischsauce
100 g in Öl eingelegter Thunfisch
30 Kapern ~ Saft von 1 Zitrone
Salz ~ Pfeffer aus der Mühle
Zucker ~ 60 ml bestes Olivenöl

Für die Vinaigrette
1 Bund gemischte Kräuter (z. B.
 Petersilie, Basilikum, Kerbel)
1–2 EL Aceto balsamico
Salz ~ Pfeffer aus der Mühle
4 EL bestes Olivenöl

01 Den Backofen auf 180 °C vorheizen. Etwas Olivenöl in einem Topf erhitzen und den Kalbsrücken darin bei mittlerer Hitze rundherum anbraten. Herausheben und auf dem Ofengitter im Backofen in 12 bis 15 Minuten rosa garen. Dann den Kalbsrücken kalt stellen.

02 Für die Sashimi-Marinade die Zitrone und Orange heiß waschen und trocken reiben. Die Schalen fein abreiben, den Saft auspressen. Die Chilischoten putzen, waschen, in Würfel schneiden. Zitrusschalen, -säfte, Chilis und alle anderen Zutaten miteinander verrühren und 10 Minuten ziehen lassen.

03 Das Thunfischfilet in 1 cm dicke Scheiben schneiden. Die Sashimi-Marinade durch ein Sieb gießen, über die Thunfischscheiben träufeln und etwa 10 Minuten marinieren lassen.

04 Die Geflügelbrühe in einem breiten Topf erhitzen und die Selleriescheiben darin bissfest pochieren. Herausheben und beiseitelegen.

05 Für die Thunfischsauce den Thunfisch in Öl mit Kapern, Zitronensaft, Salz, Pfeffer, 1 Prise Zucker und Olivenöl im Küchenmixer oder mit dem Stabmixer fein pürieren.

06 Für die Vinaigrette die Kräuter waschen, trocken schütteln und die Blätter fein schneiden. 4 EL Sellerie-Kochflüssigkeit, Essig, Salz, Pfeffer und Olivenöl verrühren und die Kräuter untermischen. Das Kalbfleisch in etwa 3 mm dicke Scheiben schneiden und kurz in der Vinaigrette marinieren.

07 Etwas Olivenöl in einer Pfanne erhitzen. Die Garnelen waschen, trocken tupfen, in Würfel schneiden und im Öl bei mittlerer Hitze rundherum anbraten. Die Kalbfleischscheiben aus der Vinaigrette nehmen. Mit der restlichen Vinaigrette die Garnelen ablöschen und von der Herdplatte nehmen. Die Limetten heiß waschen und trocken reiben. Die Schalen zu den Garnelen reiben, den Saft auspressen, ebenfalls dazugeben und alles gut vermischen.

08 Kalbfleisch, Thunfisch und Selleriescheiben mit Thunfischsauce dazwischen auf Teller schichten. Den Vorgang ein- bis zweimal wiederholen. Die Garnelen und etwas Thunfischsauce um die Lasagne herum anrichten. Nach Belieben mit Tomatenwürfeln und Kerbelblättchen garnieren.

SAUERRAHM-KRÄUTER-DRESSING

Zutaten (für 4 Personen)
1 Bio-Zitrone
120 g saure Sahne
1 EL frisch geschnittene Kräuter
   (z. B. Dill, Schnittlauch, Estragon)
1 TL Senf
Salz
Zucker
Pfeffer aus der Mühle

01 Die Zitrone heiß waschen, trocken reiben, die Schale abreiben und 1 EL Saft auspressen. Die saure Sahne mit Zitronenschale, -saft, Kräutern und Senf in einer Schüssel verrühren und mit Salz, Zucker und Pfeffer abschmecken.

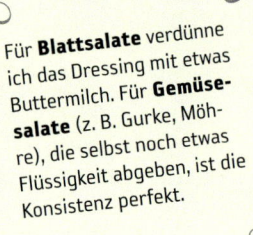

Für **Blattsalate** verdünne ich das Dressing mit etwas Buttermilch. Für **Gemüse-salate** (z. B. Gurke, Möhre), die selbst noch etwas Flüssigkeit abgeben, ist die Konsistenz perfekt.

RUCOLA-KARTOFFEL-DRESSING

Zutaten (für 4 Personen)
1 Bund Rucola ~ 1 kleine Zwiebel
50 g geräucherter Bauchspeck
150 g gekochte Kartoffeln
5 getrocknete Tomaten
Öl zum Braten
4 EL Essig ~ 1 TL Senf
Salz ~ Pfeffer aus der Mühle
Zucker ~ 8 EL Öl

01 Den Rucola waschen, trocken schütteln, die groben Stiele abschneiden, beiseitelegen und die Blätter in feine Streifen schneiden. Die Zwiebel schälen und vierteln. Den Bauchspeck und die Hälfte der Kartoffeln in kleine Würfel schneiden. Die Tomaten in sehr feine Streifen schneiden.

02 Etwas Öl in einer Pfanne erhitzen und den Bauchspeck knusprig braten. Herausnehmen und im ausgebratenen Fett die Kartoffelwürfel knusprig braten.

03 Die Rucolastiele mit den restlichen Kartoffeln, Zwiebel, Essig, 4 EL Wasser, Senf, Salz, Pfeffer und 1 Prise Zucker im Küchenmixer oder mit dem Stabmixer fein pürieren. Das Öl nach und nach dazugeben und die Mischung sämig mixen.

04 Das Rucola-Kartoffel-Püree durch ein Sieb streichen und mit Speck-, Kartoffelwürfeln, Rucola und Tomatenstreifen mischen.

KRÄUTER-VINAIGRETTE MIT EI

Zutaten (für 4 Personen)
2 Eier ~ 1 Schalotte
1/2 Bund Schnittlauch
1/2 Bund Estragon
1/2 Bund Petersilie
3 EL Sherryessig
1/2 TL Senf
Salz ~ Pfeffer aus der Mühle
Zucker
6 EL Olivenöl ~ 2 EL Walnussöl

01 Die Eier in kochendem Wasser 10 Minuten hart garen. Herausnehmen, kalt abschrecken und abkühlen lassen.
02 Die Eier pellen und in kleine Würfel schneiden. Die Schalotte schälen und ebenfalls in kleine Würfel schneiden. Die Kräuter waschen und trocken schütteln. Den Schnittlauch in feine Röllchen schneiden. Die Blätter von Estragon und Petersilie abzupfen und fein schneiden. Den Essig mit Senf, Salz, Pfeffer, 1 Prise Zucker, Schalotte und den Ölen verrühren. Die Eier und die Kräuter dazugeben und unterrühren. Die Vinaigrette nach Belieben mit wenig Wasser verdünnen.

PINIENKERN-VINAIGRETTE

Zutaten (für 4 Personen)
2 EL Pinienkerne
3 EL weißer Aceto balsamico
1 TL Honig
Salz
6 EL Öl (z. B. Traubenkernöl)

01 Die Pinienkerne in einer Pfanne ohne Fett goldbraun rösten.
02 Die Pinienkerne mit Essig, Honig, Salz und Öl mit dem Stabmixer zu einem sämigen Dressing pürieren.

DER GOLDENE TIPP!
Vinaigrette nie pur probieren – sie schmeckt immer zu intensiv –, sondern lieber ein **Salatblatt eindippen**.

Kraftbrühe oder Consommé gehört zur **hohen Schule des Kochens**. Bei diesem Rezept handelt es sich um eine asiatische Variante dieses Klassikers.

TOM-YUM-KRAFTBRÜHE MIT GEBRATENEN SALZWASSERGARNELEN

Zutaten (für 4 Personen)

12 Salzwasser-Riesengarnelen

30 g Möhre

30 g Petersilienwurzel

30 g Sellerieknolle

20 g Frühlingszwiebeln

10 g Shiitake-Pilze

1 TL Currypaste ~ 3 Eiweiß

1 EL Sojasauce ~ 1 EL Fischsauce

1/2 EL Sesamöl ~ Salz

5 Korianderstiele

3 Thai-Minzestängel

3 Thai-Basilikumstiele

3 Kaffir-Limettenblätter

1 Stange Zitronengras

1 Stück Ingwer (ca. 4 cm)

250 g Rinderhackfleisch

1 l eiskalter Geflügel- oder
   Rinderfond (aus dem Glas)

1 Knoblauchzehe

Öl zum Braten

Pfeffer aus der Mühle

01 Die Riesengarnelen schälen, den Rücken leicht einschneiden und den dunklen Darm mit einem spitzen Messer entfernen. Die Garnelen kühl stellen. Die Schalen grob hacken. Möhre, Petersilienwurzel und Sellerie schälen und in Würfel schneiden. Die Frühlingszwiebeln putzen, waschen und grob schneiden. Die Pilze putzen und grob schneiden. Das Gemüse und die Pilze mit dem Stabmixer oder im Küchenmixer grob zerkleinern, Currypaste und Eiweiße untermixen. Mit Sojasauce, Fischsauce, Sesamöl und 1 Prise Salz würzen.

02 Koriander, Thai-Minze und Thai-Basilikum waschen, trocken schütteln und die Blätter abzupfen. Die Stiele klein schneiden. Die Limettenblätter grob schneiden. Das Zitronengras putzen und grob hacken. Den Ingwer schälen und fein reiben. Kräuterstiele, Limettenblätter, Zitronengras und Ingwer unter die Gemüsemasse mischen.

03 Das Hackfleisch mit den Garnelenschalen und der gewürzten Gemüsemasse vermischen. Den eiskalten Fond in einen großen Topf geben, die Hackfleischmischung hinzufügen und erhitzen (nicht kochen!). Unter langsamem Rühren mit einem Pfannenwender immer wieder den Boden frei schaben, bis das Eiweiß stockt und sich eine dicke Schicht an der Oberfläche bildet. In diesen »Kuchen« mit einem Kochlöffelstiel ein Loch drücken. Die Brühe bei schwacher Hitze etwa 2 Stunden ziehen lassen.

04 Den »Kuchen« mit einem Schaumlöffel vorsichtig abheben und entfernen. Die Brühe durch ein mit einem Passiertuch ausgelegtes Sieb gießen.

05 Die Garnelen längs halbieren. Die Knoblauchzehe schälen und mit einer Messerklinge andrücken. In einer großen Pfanne etwas Öl erhitzen und die Garnelen darin bei mittlerer Hitze von beiden Seiten je 2 Minuten anbraten. Nach 1 Minute die Knoblauchzehe dazugeben. Die Garnelen mit Salz und Pfeffer würzen.

06 Die Tom-Yum-Kraftbrühe in Suppenteller verteilen, die Garnelen hineingeben und mit Koriander-, Thai-Minze- und Thai-Basilikum-Blättern garnieren.

STECKRÜBENSÜPPCHEN MIT ROSENBLÄTTERN

Zutaten (für 4 Personen)

1 Steckrübe (ca. 500 g)
1 Zwiebel
1 Knoblauchzehe
2 EL Sonnenblumenöl
Salz
Pfeffer aus der Mühle
frisch geriebene Muskatnuss
1/8 l trockener Weißwein
   (Riesling)
700 ml Gemüse- oder
   Geflügelbrühe
200 g Sahne
Rosenwasser (aus dem Asienladen
   oder der Apotheke)
2 Damaszener- oder Centifolia-
   Rosenblüten (Bioanbau)

01 Die Steckrübe schälen und in 2 cm große Würfel schneiden. Zwiebel und Knoblauch schälen und in kleine Würfel schneiden. Das Öl in einem Topf erhitzen, Zwiebeln und Knoblauch hinzufügen und darin kurz andünsten. Die Steckrüben dazugeben und mit andünsten. Mit Salz, Pfeffer und Muskat würzen. Den Weißwein dazugeben und einkochen lassen. Die Brühe angießen und die Steckrüben bei schwacher Hitze 15 bis 20 Minuten weich köcheln lassen.

02 Dann die Sahne dazugeben und die Steckrüben mit dem Stabmixer pürieren. Die Suppe mit Salz, Pfeffer und Muskat abschmecken und tropfenweise mit dem Rosenwasser aromatisieren.

03 Die Rosenblüten vorsichtig abbrausen und trocken tupfen. Die Suppe auf Teller verteilen und mit abgezupften Rosenblättern dekorieren.

Rosenwasser bitte nur **tröpfchenweise** in die Suppe geben. Von Rosenwasser gibt es sehr unterschiedliche Qualitäten, d. h. das Rosenaroma ist mehr oder weniger stark konzentriert.

NEW ENGLAND CLAMB CHOWDER

Zutaten (für 4 Personen)

24 Venusmuscheln
1 Bouqet garni (Kräuter-
    sträußchen aus Petersilie,
    Thymian, Lorbeerblatt)
300 ml Geflügelbrühe
1 1/2 Gemüsezwiebeln
35 g Bauchspeck
500 g Kartoffeln
1 Lorbeerblatt
475 ml Milch
200 g Sahne
Salz
Pfeffer aus der Mühle
2 Petersilienstiele

01 Die Muscheln mehrmals in kaltem Wasser waschen, dabei Exemplare mit beschädigter Schale wegwerfen. Das Bouquet garni waschen. Die Muscheln mit der Brühe und dem Bouqet garni in einen Topf geben. Aufkochen und zugedeckt etwa 3 Minuten köcheln, bis sich die Muscheln geöffnet haben.

02 Die Hälfte des Suds in eine Schüssel abgießen, das Bouquet garni entfernen und die Muscheln auf einem Teller abkühlen lassen. Muscheln, die sich nicht geöffnet haben, wegwerfen. Die Muscheln mit einer Gabel aus den Schalen lösen und halbieren oder dritteln.

03 Die Zwiebeln schälen und in kleine Würfel schneiden. Den Speck ebenfalls in kleine Würfel schneiden. Die Kartoffeln schälen und in kleine Würfel schneiden. Eine große Kasserolle erhitzen und die Speckwürfel darin auslassen. Die Zwiebeln dazugeben und bei mittlerer bis schwacher Hitze 8 bis 10 Minuten glasig dünsten. Den Muschelsud, das Lorbeerblatt und die Kartoffeln dazugeben und zum Kochen bringen. Die Muscheln hinzufügen und alles bei mittlerer Hitze etwa 1 Minute köcheln lassen, bis die Kartoffeln weich sind. Dann das Lorbeerblatt entfernen.

04 Die Milch mit der Sahne in einem kleinen Topf sanft erhitzen. Die Hälfte der Kartoffeln und Zwiebeln (keine Muscheln!) mit dem Schaumlöffel herausfischen, mit 2 bis 3 Schöpflöffeln Brühe in eine Schüssel geben und mit dem Stabmixer fein pürieren. Das Püree und die warme Sahnemilch in die Suppe geben und unter vorsichtigem Rühren kurz aufköcheln lassen. Mit Salz und Pfeffer abschmecken.

05 Die Petersilie waschen, trocken schütteln und die Blätter fein schneiden. Die Suppe in tiefe Teller oder in Tonschalen geben und mit der Petersilie bestreuen. Dazu passen Baguette und ein trockener kalifornischer Weißwein.

SELLERIE-APFEL-KOHLRABI-GRATIN MIT ZIEGENFRISCHKÄSE UND MANGOLD

Zutaten (für 4–6 Personen)

2 Schalotten
2 Thymian- oder Rosmarinzweige
1/2 Bio-Zitrone
1 EL Butter
100 ml Weißwein
6 Pfefferkörner
1 Lorbeerblatt
1 Pimentkorn oder 1 Nelke
Salz
Pfeffer aus der Mühle
250 g Sahne
200 ml Gemüsebrühe
1 Staude Mangold
1 kleiner Knollensellerie
   (ca. 350 g)
2 Kohlrabi
4 Äpfel (z. B. Boskop)
300 g Ziegenfrischkäse
100 g Parmesan (frisch gerieben)
1 EL Milch
Butter für die Form

01 Die Schalotten schälen und in grobe Stücke schneiden. Den Thymian waschen und trocken schütteln. Die Zitrone heiß waschen, trocken reiben, die Schale abreiben und den Saft auspressen.

02 Die Butter in einem kleinen Topf erhitzen und die Schalotten kurz andünsten. Mit Weißwein ablöschen, Thymian, Pfefferkörner, Lorbeerblatt, Piment, 1 Prise Salz und Pfeffer dazugeben. Den Wein einkochen lassen. Zitronenschale, Sahne und Brühe zur Weinmischung geben. Kurz aufkochen lassen und bei mittlerer Hitze etwa 10 Minuten auf zwei Drittel einkochen lassen.

03 In einem großen Topf Salzwasser zum Kochen bringen. Den Mangoldstrunk abschneiden und die Blätter waschen. Die Stiele v-förmig aus den Blättern schneiden. Die Blätter grob schneiden, 1 Minute im kochenden Wasser blanchieren und sofort in eiskaltem Wasser abschrecken. Die Mangoldstiele quer in Streifen schneiden und 3 Minuten im kochenden Wasser blanchieren. Mit dem Schaumlöffel herausheben und eiskalt abschrecken.

04 Sellerie, Kohlrabi und Äpfel schälen. Die Äpfel mit einem Apfelausstecher entkernen. Das Gemüse und die Äpfel mit einem Gemüsehobel in dünne Scheiben schneiden. Die Apfelscheiben sofort mit dem Zitronensaft mischen.

05 Die Wein-Sahne-Mischung durch ein Sieb gießen. Die Hälfte des Ziegenfrischkäses nach und nach in die heiße Mischung rühren. Den Parmesan mit der Milch mischen. Den Backofen auf 180 °C vorheizen.

06 Eine eckige Auflaufform großzügig mit Butter ausstreichen. Mit etwas Salz und Pfeffer ausstreuen. Den Boden der Form dachziegelartig mit Selleriescheiben auslegen, darauf je eine Lage Äpfel und Kohlrabi geben. Ein Drittel der Ziegenkäsesahne darauf verteilen und die Mangoldstiele darauflegen. Dann wieder jeweils eine Lage Sellerie, Apfel und Kohlrabi einschichten. Die Mangoldblätter darauf verteilen. Darauf die restliche Ziegenkäsesahne und den restlichen Ziegenfrischkäse in Stückchen geben. Zum Schluss den Parmesan darüberkrümeln. Das Gratin im Backofen (oben) 15 bis 20 Minuten goldgelb backen.

07 Aus dem Gratin eckige Stücke herausschneiden und auf Teller verteilen.

GNOCCHI MIT KÜRBISKERNEN UND SALBEI

Zutaten (für 4 Personen)

1,2 kg mehlig kochende Kartoffeln
Salz
30 g Butter
1 Ei
1 Eigelb
ca. 200 g Speisestärke
60 g Parmesan (frisch gerieben)

Für die Sauce

1/2 Bund Salbei
250 g Cocktailtomaten
1 Knoblauchzehe
100 g Butter
100 g Kürbiskerne
Salz
Pfeffer aus der Mühle
100 g Parmesan (frisch gerieben)

01 Die Kartoffeln waschen und in gut gesalzenem Wasser 20 bis 25 Minuten weich kochen. Den Backofen auf 150 °C vorheizen. Die Kartoffeln abgießen, auf ein Backblech legen und im Backofen 10 Minuten ausdämpfen lassen.

02 Die Kartoffeln pellen, durch die Kartoffelpresse drücken und auskühlen lassen. Die Butter in einem kleinen Topf bei mittlerer Hitze goldbraun werden lassen. Kartoffeln, braune Butter, Ei, Eigelb, Speisestärke und Parmesan vermischen. Falls der Teig noch sehr weich ist, weitere Speisestärke untermischen.

03 In einem großen Topf reichlich Salzwasser erhitzen. Den Kartoffelteig zu Rollen von 2 cm Durchmesser formen. Die Rollen gleichmäßig in walnussgroße Stücke teilen. Jedes Kartoffelteigstück mit dem Daumen auf einen Gabelrücken drücken, sodass die Vorderseite eine Vertiefung hat und die Rückseite ein Rillenmuster.

04 Die Gnocchi in das Salzwasser geben und in dem siedenden (nicht kochenden!) Wasser garen, bis sie nach oben steigen. Mit einem Schaumlöffel herausheben und in kaltem Wasser abschrecken. Die Gnocchi in ein Sieb abgießen.

05 Für die Sauce den Salbei waschen, trocken schütteln und die Blätter abzupfen. Die Cocktailtomaten waschen und halbieren. Den Knoblauch mit einer Messerklinge andrücken. Die Butter in einer Pfanne bei mittlerer Hitze zerlassen, die Kürbiskerne und den Knoblauch darin braten. Die Salbeiblätter dazugeben und mit Salz würzen. Den Knoblauch entfernen. Die Gnocchi hinzufügen und untermischen, zum Schluss die Tomaten dazugeben und mit erhitzen. Mit Salz und Pfeffer abschmecken. Die Gnocchi auf Teller verteilen und mit Parmesan bestreuen.

RIEVKOOCHE MET FLÖNZ (REIBEKUCHEN MIT GEBRATENER BLUTWURST)

Zutaten (für 4 Personen)

400 g mehlig kochende Kartoffeln
Salz
3 Majoranstiele
200 g geräucherte Blutwurst
Mehl zum Bestäuben
2 Eier
50 g Haferflocken
Pfeffer aus der Mühle
frisch geriebene Muskatnuss
Sonnenblumenöl zum Braten

01 Die Kartoffeln waschen, schälen und grob raspeln. Die Kartoffelraspel mit Salz bestreuen und 10 Minuten ziehen lassen.

02 Die Kartoffeln mit den Händen gut ausdrücken, die Flüssigkeit in einer breiten Schüssel auffangen. Den Majoran waschen, trocken schütteln und die Blätter abzupfen.

03 Die Blutwurst pellen, in Scheiben schneiden und auf beiden Seiten leicht mit Mehl bestäuben.

04 Die Kartoffeln mit Eiern, Haferflocken, Pfeffer und Muskatnuss vermengen. Das Kartoffelwasser abschütten, die am Schüsselboden abgesetzte Stärke zu den Kartoffelraspeln geben und untermischen. Mit Salz und Pfeffer abschmecken. Die Majoranblätter klein zupfen und untermischen.

05 Etwas Öl in einer Pfanne erhitzen. Mit einem Esslöffel ein paar Häufchen Kartoffelmasse hineingeben und jeweils ganz flach drücken. Die Reibekuchen bei mittlerer Hitze auf beiden Seiten knusprig braten. So weiter verfahren, bis die Kartoffelmasse aufgebraucht ist.

06 In einer zweiten Pfanne etwas Öl erhitzen und die Blutwurstscheiben bei mittlerer Hitze auf beiden Seiten knusprig braten.

07 Die Reibekuchen auf Teller verteilen und die Blutwurst darauf anrichten. Dazu passt Apfelmus.

Als Fazzoletti, **Taschentücher**, bezeichnen die Italiener kleine Nudelblätter, die sich gut aus Lasagneblättern schneiden lassen. Vom Sugo koche ich meist die doppelte Menge und friere die Hälfte ein. So habe ich immer eine **Spaghetti-Sauce auf Vorrat**.

FAZZOLETTI
MIT SPINAT UND CHAMPIGNONS

Zutaten (für 4 Personen)

Für die Tomatensauce

1/2 EL Olivenöl
400 g Tomaten (aus der Dose)
Salz
Zucker
1 kleine rote Chilischote
Pfeffer aus der Mühle

Für die Fazzoletti

6 Lasagneplatten
   (aus dem Kühlregal)
Salz
1 EL Olivenöl
2 Schalotten
500 g kleine Champignons
4 getrocknete Tomaten
1 EL Butter
60 ml Weißwein
2 EL Sahne
1 Lorbeerblatt
Pfeffer aus der Mühle
700 g junger Spinat
1 kleines Bund Basilikum
150 g Parmesan

01 Für die Tomatensauce in einem großen Topf das Olivenöl erhitzen. Die Tomaten mit dem Saft, 1 kleinen Prise Salz und Zucker dazugeben und bei mittlerer Hitze 15 Minuten offen köcheln lassen. Dabei öfters mit einem Kochlöffel umrühren und die Tomaten zerdrücken. Die Chilischote putzen, waschen, halbieren, entkernen, in feine Streifen schneiden, in die Tomatensauce geben und kurz mitköcheln lassen. Mit Salz, Zucker und Pfeffer abschmecken.

02 Für die Fazzoletti die Lasagneplatten quer halbieren und in reichlich kochendem Salzwasser nach Packungsanleitung 1 Minute bissfest kochen. In ein Sieb abgießen, abtropfen lassen und auf ein Backblech geben. Mit 1/2 EL Olivenöl vermischen und beiseitestellen.

03 Die Schalotten schälen und in feine Würfel schneiden. Die Champignons putzen und vierteln. Die getrockneten Tomaten mit dem Stabmixer fein pürieren. In einer großen Pfanne die Butter mit dem restlichen Olivenöl erhitzen und die Schalottenwürfel darin andünsten. Die Champignons dazugeben und unter Rühren anbraten. Den Weißwein angießen und kurz aufkochen lassen. Die Sahne, das Tomatenpüree und das Lorbeerblatt untermischen und bei schwacher Hitze erwärmen. Mit Salz und Pfeffer abschmecken.

04 Den Spinat waschen, in einem Sieb abtropfen lassen und die Stiele entfernen. Das Basilikum waschen, trocken schütteln und die Blätter abzupfen. Den Spinat zu den Champignons geben und zusammenfallen lassen. Das Lorbeerblatt entfernen und die Basilikumblätter untermischen.

05 Zum Anrichten auf jeden Teller 1 Nudelblatt geben und etwas Spinat-Pilz-Mischung sowie einen Löffel Tomatensauce darauf verteilen. Diese Schichten zweimal wiederholen, sodass jede Fazzoletti-Portion aus 3 Nudellagen besteht. Über jede Fazzoletti-Portion etwas Pfeffer mahlen und mit dem Sparschäler Parmesanspäne darüberhobeln.

KÜCHENORGANISATION
VORRATSSCHRANK

Für alle Fälle

Vorräte. Vorräte sparen Arbeit. Vorräte machen kreativ. Mit einem gut gefüllten Vorratsschrank ist man für alle Eventualitäten des Alltags gerüstet: Man kann auf das tägliche Einkaufen verzichten, hat genügend da, wenn Freunde spontan mitessen wollen, und kann sich nach Lust und Laune von dem Vorhandenen inspirieren lassen.

In den Vorratsschrank gehören neben den **Küchenklassikern** Mehl, Nudeln, Reis, Nüssen, Zucker und Salz natürlich Dosenkonserven, wie Tomaten, Bohnen und Kokosmilch, eingemachtes Obst, wie Sauerkirschen, Apfelmus, Marmeladen, sowie diverse Würzmittel (aber bitte ohne Glutamat), wie Sojasauce, Sweet Chili Sauce und Instant-Brühe. Nicht fehlen sollte ein kleiner Schokoladenvorrat, mit dem man spontan ein Dessert oder einen Kuchen zaubern, oder den man als Seelentröster einsetzen kann.

Angebrochene Flaschen oder Vorrat: **Öle und Essige** halten sich kühl und dunkel am besten.

Kühl, dunkel und luftig brauchen es alle Lebensmittel, egal ob in der Vorratskammer oder im Küchenschrank. Natürlich ist es ein bisschen schwierig, für kühles Klima im Küchenschrank zu sorgen, aber die Vorräte sollten zumindest möglichst weit weg vom Ofen lagern.

Vorratscheck: Ordnung im Schrank verhindert, dass man Lebensmittel doppelt und dreifach kauft oder den Überblick über die Haltbarkeitsdaten verliert. Und wenn man die Fächer regelmäßig mit Essigwasser auswäscht, haben ungebetene Gäste wie Mehlmotten & Co. keine Chance.

GEBRATENE PAPPARDELLE MIT BLUTWURST UND APFEL

Zutaten (für 4 Personen)

320 g Pappardelle
  (breite Bandnudeln)
Salz
etwas Öl
1 Apfel
8 Schalotten
300 g Blutwurst
1/2 Bund Majoran
4–5 Petersilienstiele
100 g Crème fraîche
Pfeffer aus der Mühle
1 EL Butter
Öl zum Braten
frisch geriebene Muskatnuss

01 Die Pappardelle nach Packungsanweisung in reichlich Salzwasser sehr bissfest kochen (2 bis 3 Minuten kürzer als auf der Packung angegeben). In ein Sieb abgießen, kalt abschrecken und die Nudeln mit etwas Öl vermischt beiseitestellen.

02 Den Apfel vierteln, schälen und das Kerngehäuse entfernen. Das Fruchtfleisch in Würfel schneiden. Die Schalotten schälen und in feine Scheiben schneiden. Die Blutwurst häuten, zuerst in Scheiben, dann in Würfel schneiden. Majoran und Petersilie waschen, trocken schütteln, die Blätter abzupfen und grob schneiden. Die Crème fraîche mit Salz, Pfeffer und den Kräutern verrühren.

03 In einer Pfanne die Butter erhitzen und die Schalotten darin goldgelb andünsten. Die Äpfel und die Blutwurst hinzugeben, kräftig mit Pfeffer würzen und bei schwacher Hitze ziehen lassen.

04 In einer zweiten Pfanne etwas Öl erhitzen und die Nudeln knusprig braten, mit Salz und Muskatnuss würzen. Die Nudeln auf Teller verteilen, die Blutwurstmischung daraufgeben und obenauf etwas Kräutercreme setzen.

Am liebsten nehme ich für dieses Gericht eine **weiche Blutwurst** mit wenigen und sehr kleinen Fettwürfeln.

PASTA MIT STEINPILZEN

Zutaten (für 4 Personen)

4 Schalotten

50 g Butter

50 ml Weißwein

50 ml Wermut (z. B. Noilly Prat)

1/2 l Geflügelbrühe

400 g Sahne

Salz

Zucker

Pfeffer aus der Mühle

frisch geriebene Muskatnuss

1 Spritzer Zitronensaft

500 g schmale Bandnudeln

500 g Steinpilze

4 Rosmarinzweige

2 Knoblauchzehen

50 ml bestes Olivenöl

1 Bund glatte Petersilie

150 g Parmesan

01 Die Schalotten schälen und in feine Würfel schneiden. Die Butter in einem Topf erhitzen und die Schalotten darin andünsten. Mit Weißwein und Wermut ablöschen und die Flüssigkeit vollständig einkochen lassen. Dann die Geflügelbrühe angießen und diese ebenfalls vollständig einkochen lassen. Die Sahne dazugeben, einmal aufkochen lassen und die Sauce mit einem Stabmixer pürieren. Mit Salz, Zucker, Pfeffer, Muskat und Zitronensaft würzen.

02 Die Bandnudeln in reichlich Salzwasser nach Packungsanweisung bissfest kochen. In ein Sieb abgießen (nicht abschrecken!) und abtropfen lassen.

03 Die Steinpilze putzen und je nach Größe in Scheiben oder in Hälften bzw. Viertel schneiden. Den Rosmarin waschen und trocken schütteln. Den Knoblauch mit einer Messerklinge andrücken. Etwas Olivenöl in einer Pfanne erhitzen und die Steinpilze mit Rosmarin und Knoblauch darin bei starker Hitze anbraten.

04 Die Petersilie waschen, trocken schütteln und die Blätter fein schneiden. Die Hälfte der Steinpilze mit den Nudeln und der Sauce mischen und auf tiefe Teller verteilen. Die restlichen Steinpilze mit der Petersilie mischen und über den Nudeln verteilen. Parmesan darüberreiben und alles mit dem übrigen Olivenöl beträufeln.

MARINIERTES LACHSFILET AUF GEWÜRZBROT

Zutaten (für 4 Personen)

30 g Koriandersamen

20 g Kubebenpfeffer

10 g Sternanis

4 Knoblauchzehen

2 Thymianzweige

4 Scheiben Toastbrot

10 EL bestes Olivenöl

1 Msp. Quatre-épices (aus dem
   Gewürzversand; siehe Tipp)

3 Bio-Limetten

1 Ei

1 EL Senf

100 ml geröstetes Erdnussöl

2 Schalotten

300 g irisches Lachsfilet

2 Kästchen Shisokresse

2 Kästchen Daikonkresse

1 Kästchen Gartenkresse

Salz

Zucker

01 Koriander, Kubebenpfeffer und Sternanis in einer Pfanne ohne Fett rösten, bis sie aromatisch duften. Die Mischung in eine Gewürzmühle füllen.

02 3 Knoblauchzehen schälen und halbieren. Den Thymian waschen und trocken schütteln. Den Backofengrill vorheizen.

03 Vom Toastbrot die Rinden abschneiden. Die Scheiben diagonal vierteln, auf ein Backblech setzen und mit 4 EL Olivenöl beträufeln. Die geröstete Gewürzmischung darübermahlen und Quatre-épices darüberstreuen. Die Knoblauchhälften zwischen den Brotstücken verteilen. Die Thymianblättchen auf das Brot zupfen. Die Brote unter dem Backofengrill goldgelb braten.

04 Die restliche Knoblauchzehe schälen. Die Limetten heiß waschen, trocken reiben, von 2 Limetten die Schale abreiben, von allen Limetten den Saft auspressen. Ei, Senf, Knoblauch, Saft und Schale von 2 Limetten mit dem Stabmixer fein pürieren. Nach und nach das Erdnussöl zugeben und alles zu einer sämigen Mayonnaise mixen.

05 Die Schalotten schälen und in kleine Würfel schneiden. Das Lachsfilet trocken tupfen, in 1 cm dicke Scheiben schneiden und mit 3 EL Olivenöl und dem Saft von 1/2 Limette marinieren. Die Kresse abbrausen und mit einer Schere abschneiden. Die Kresse mit Schalotten, dem restlichen Olivenöl und Limettensaft sowie Salz und 1 Prise Zucker mischen.

06 Die Brotdreiecke auf Teller verteilen, die Lachsscheiben darauflegen und ein Häubchen Kresse obenauf legen. Die Erdnussmayonnaise separat dazu servieren.

Quatre-épices ist eine traditionelle französische Gewürzmischung aus schwarzem Pfeffer, Zimt, Muskatnuss und Nelken.

SEETEUFEL AUS DEM SAFRANSUD MIT SPINAT, GRÜNEM SPARGEL UND SENF-DILL-SAUCE

Zutaten (für 4 Personen)

400 g grüner Spargel
Salz ~ Zucker
600–800 g Seeteufelfilet
  (küchenfertig)
500 g junger Blattspinat
1 Schalotte ~ 1 TL Butter
1 Knoblauchzehe
frisch geriebene Muskatnuss

Für die Court Bouillon

2 Schalotten ~ 1 Knoblauchzehe
2 Stangen Staudensellerie
1/4 Knollensellerie
1/2 TL Pfefferkörner
1/2 TL Senfsamen ~ 1 Lorbeerblatt
1/2 TL Fenchelsamen
4–6 Safranfäden
Salz
1 TL Weißweinessig
100 ml Wermut (z. B. Noilly Prat)

Für die Senf-Dill-Sauce

1/2 Bund Dill ~ 1/2 Zitrone
3 EL saure Sahne ~ 1 TL süßer Senf
4 EL Crème fraîche ~ 1 Prise Salz
1/2 TL körniger Dijon-Senf

01 Den Spargel waschen und im unteren Drittel schälen. Mit 1 guten Prise Salz und Zucker mischen und 1 Stunde ziehen lassen.

02 Für die Court Bouillon Schalotten und Knoblauch schälen, die Schalotten grob zerteilen, den Knoblauch mit einer Messerklinge leicht andrücken. Den Staudensellerie waschen, putzen und in grobe Stücke schneiden. Den Knollensellerie schälen und ebenfalls grob zerschneiden. Alle Zutaten mit 1 kleinen Prise Salz und 1 l kaltem Wasser in einen Topf geben, aufkochen und 10 Minuten bei schwacher Hitze köcheln lassen. Die Bouillon durch ein Sieb gießen.

03 Für die Senf-Dill-Sauce den Dill waschen, trocken schütteln und die Blätter fein schneiden. Die Zitrone auspressen. Alle Zutaten und 2 EL Bouillon in eine Schüssel geben und verrühren.

04 Von der Bouillon 100 ml abnehmen und beiseitestellen. Die restliche Bouillon in einem Topf erhitzen (max. 70 °C). Das Fischfilet trocken tupfen, in die Bouillon geben und etwa 4 Minuten gar ziehen lassen.

05 Den Spinat waschen, abtropfen lassen und die dicken Stiele entfernen. Die Schalotte schälen, in kleine Würfel schneiden. In einer Pfanne die Butter erhitzen und die Spargelstangen mit Schalotten 30 Sekunden leicht andünsten. Die beiseitegestellte Bouillon dazugeben und köcheln lassen, bis sie fast verdampft ist. Den Knoblauch schälen, mit einer Messerklinge andrücken und mit den Spinatblättern in die Pfanne geben. 1 Minute unter Rühren mitdünsten, bis der Spinat zusammengefallen und die Flüssigkeit verdampft ist. Mit 1 Prise Salz und Muskatnuss würzen.

06 Die Spargelstangen auf die Teller legen und den abgetropften Spinat daraufsetzen. Das Fischfilet in Scheiben schneiden und jeweils 2 oder 3 Scheiben davon auf den Spinat setzen. Die Senf-Dill-Sauce um den Spinat herum träufeln. Dazu passen Salzkartoffeln (am besten aus Bamberger Hörnchen oder La Ratte).

HEILBUTT AUF SCHMORGURKEN MAI LING

Zutaten (für 4 Personen)

3 Salatgurken

1 Zwiebel

1 Knoblauchzehe

3 EL Butter

Salz

Zimtpulver

Currypulver

Cayennepfeffer

Zitronenpfeffer oder Bergpfeffer
   aus der Mühle

Koriander aus der Mühle

2 EL Anislikör (z. B. Pernod)

100 ml trockener Weißwein

100 ml Fischfond (aus dem Glas)

Öl zum Braten

600–700 g Heilbuttfilets
   (ersatzweise Filets von Stein-
   butt, Schellfisch oder Kabeljau)

1/2 Bund Dill

2 EL Crème fraîche

Pfeffer aus der Mühle

01 Die Gurken schälen, längs halbieren und mit einem Löffel die Kerngehäuse entfernen. Die Gurkenhälften in Scheiben schneiden. Die Zwiebel und den Knoblauch schälen und in Würfel schneiden.

02 In einer Pfanne 1 EL Butter erhitzen, Zwiebel und Knoblauch darin andünsten. Die Gurken hinzufügen und kurz mitdünsten. Salzen und die Gewürze hinzufügen, Anislikör und Weißwein angießen. Die Flüssigkeit etwas einkochen lassen. Dann den Fischfond hinzufügen und die Gurken in 4 bis 5 Minuten bissfest garen. Den Backofen auf 200 °C vorheizen.

03 In einer ofenfesten Pfanne etwas Öl erhitzen. Die Fischfilets trocken tupfen, in 4 Stücke schneiden und im heißen Öl bei mittlerer Hitze auf beiden Seiten kurz anbraten. Die restliche Butter dazugeben, die Pfanne in den Ofen stellen und die Filets etwa 6 Minuten garen.

04 Den Dill waschen, trocken schütteln, die Spitzen abzupfen, fein schneiden und mit der Crème fraîche unter die Gurken mischen. Die Schmorgurken mit Pfeffer würzen, auf Teller verteilen und die Fischfilets darauf anrichten. Dazu passen Kartoffeln oder Reis.

Die Schmorgurken, die ich in Thailand bei **Mai Ling** gegessen habe, waren so wunderbar knackig und aromatisch, dass ich unbedingt ein Rezept dazu kreieren musste.

LATEX-LACHS AUF RADIESCHENGEMÜSE MIT KARTOFFEL-OLIVENÖL-PÜREE

Zutaten (für 4 Personen)

4 Lachsfilets (à 150 g)
Salz ~ Pfeffer aus der Mühle
Koriander aus der Mühle
1 Schalotte ~ 1/4 l Weißwein
4 EL Sherry
200 ml kräftige Geflügelbrühe
200 g Sahne
40 g Sepiatinte (vom Fischhändler)
50 g vegetarische Gelatine (aus
   dem Bioladen)

Für das Kartoffelpüree

400 g mehlig kochende Kartoffeln
Salz
frisch geriebene Muskatnuss
200 ml bestes Olivenöl
2 EL Schmant
1 kleines Bund Schnittlauch

Für das Radieschengemüse

2 Bund Radieschen
Salz ~ Zucker
2 EL Butter

01 Die Lachsfilets trocken tupfen und mit Salz, Pfeffer und Koriander bestreuen. 30 Minuten nebeneinander in das Tiefkühlgerät legen.

02 Für das Kartoffel-Olivenöl-Püree die Kartoffeln schälen und im Dämpfeinsatz über wenig Salzwasser 20 bis 25 Minuten weich dämpfen.

03 Für die Latex-Flüssigkeit die Schalotte schälen und in kleine Würfel schneiden. Weißwein, Sherry und Schalottenwürfel in einen Topf geben und die Flüssigkeit einkochen lassen. Mit der Geflügelbrühe ablöschen und kurz aufkochen lassen. Die Mischung mit dem Stabmixer pürieren und durch ein feines Sieb gießen. Sahne und Sepiatinte zu der Flüssigkeit geben, auf etwa 70 °C erhitzen und die vegetarische Gelatine unterrühren.

04 Die angefrorenen Lachsfilets auf je 1 Holzspieß stecken und in die schwarze Sauce tauchen (sie wird sofort fest). Die Lachsfilets auf das Ofengitter legen und bei 56 °C (Umluft) im Backofen 15 bis 18 Minuten garen.

05 Die Kartoffeln abgießen, durch die Kartoffelpresse drücken, mit Salz und Muskatnuss würzen und mit Olivenöl und Schmant verfeinern. Den Schnittlauch waschen, trocken schütteln und in Röllchen schneiden.

06 Für das Radieschengemüse die Radieschen und die Radieschenblätter waschen. Die Radieschen abschneiden, vierteln und mit Salz und Zucker würzen. Die Radieschenblätter fein schneiden. Die Butter in einem Topf schmelzen lassen und die Radieschen etwa 5 Minuten glasieren. 1 Minute bevor das Gemüse fertig ist, die Blätter untermischen und mit erhitzen.

07 Den Schnittlauch unter das Kartoffelpüree heben. Das Kartoffelpüree auf Teller verteilen, den Latex-Lachs obenauf und das Radieschengemüse daneben anrichten.

PETERSFISCH MIT LORBEER, FENCHEL UND OLIVEN-CROSTINI

Zutaten (für 4 Personen)

2 Fenchelknollen

1 rote Paprikaschote

2 Schalotten

8 Cocktailtomaten

200 g schwarze Kalamata-Oliven (entsteint, in Öl eingelegt)

Salz

Pfeffer aus der Mühle

Zucker

frisch geriebene Muskatnuss

40 ml Wermut (z. B. Noilly Prat)

1 Petersfisch (1,5–2 kg; Sushi-Qualität)

6 Knoblauchzehen

10 Lorbeerblätter

10 Thymianzweige

2 Rosmarinzweige

6 EL bestes Olivenöl

6 EL Sonnenblumenöl

1 Baguette

01 Den Fenchel putzen, waschen, den Strunk entfernen und die Knollen fein hobeln. Die Paprikaschote halbieren, entkernen, waschen und die Hälften in Streifen schneiden. Die Schalotten schälen, halbieren und in feine Streifen schneiden. Die Cocktailtomaten waschen und halbieren. Ein Drittel der Oliven ebenfalls halbieren. Fenchel, Paprika, Schalotten, Tomaten und Oliven in einer Schüssel mischen und mit Salz, Pfeffer, 1 Prise Zucker und Muskatnuss würzen. Den Wermut dazugeben und ziehen lassen. Den Backofen auf 180 °C vorheizen.

02 Den Fisch von Kiemen und Flossen befreien, waschen, trocken tupfen und innen und außen mit Salz und Pfeffer kräftig würzen. 5 Knoblauchzehen schälen und halbieren. In jede Fischseite 5 schräge Schnitte machen und diese mit je 1 Lorbeerblatt und 1/2 Knoblauchzehe spicken.

03 Einen Bratschlauch von etwas mehr als der Länge des Petersfischs abschneiden. Den Bratschlauch mit dem Fenchel-Tomaten-Gemüse füllen. Den Fisch auf das Gemüsebett legen. Den Bratschlauch an einem Ende zubinden, leicht aufblasen und das andere Ende zubinden. Den Bratschlauch auf ein leicht geöltes Backblech legen und den Fisch im Backofen 15 bis 25 Minuten garen.

04 Thymian und Rosmarin waschen, trocken schütteln und die Blätter abzupfen. Die Kräuterblätter mit den restlichen Oliven und dem Olivenöl mit dem Stabmixer oder im Küchenmixer zu einer geschmeidigen Paste pürieren. In einer Pfanne das Sonnenblumenöl erhitzen. Das Baguette in Scheiben schneiden und die Scheiben von beiden Seiten goldbraun braten. Die restliche Knoblauchzehe halbieren. Die gerösteten Baguettescheiben mit den Knoblauchhälften abreiben und mit der Olivenpaste bestreichen.

05 Den Fisch aus dem Bratschlauch nehmen und filetieren. Auf jeden Teller etwas Fenchel-Tomaten-Gemüse geben und ein Fischfilet darauf anrichten. Die Oliven-Crostini dazu servieren.

SCHOLLE »FINKENWERDER ART«

Zutaten (für 4 Personen)

4 Nordseeschollen (à 400–500 g;
    küchenfertig, ohne Kopf)
Salz
Pfeffer aus der Mühle
Mehl zum Bestäuben
150 g geräucherter Bauchspeck
Öl zum Braten
3 EL Butter
1 Bund Dill
150 g Krabben
  (oder Shrimps in Lake)
Saft von 1 Zitrone

01 Die Schollen innen und außen waschen, trocken tupfen und den Flossen-kranz mit einer Schere entfernen. Die Haut mit einem scharfen Messer auf der Oberseite zwei- bis dreimal schräg einschneiden. Die Schollen auf beiden Seiten mit Salz und Pfeffer würzen und mit etwas Mehl bestäuben. Den Speck in kleine Würfel schneiden.

02 Den Backofen auf 200 °C vorheizen. In zwei Pfannen je etwas Öl erhitzen und je 1 Scholle darin von jeder Seite bei mittlerer Hitze goldbraun anbraten. Herausnehmen, auf ein Backblech legen, die beiden übrigen Schollen eben-falls anbraten und auf das Backblech legen.

03 Das Öl aus der Pfanne abgießen, die Butter darin zerlassen und den Speck goldbraun braten. Die Speckwürfel und Butter über die Schollen geben und im Ofen etwa 10 Minuten garen. Zwischendurch immer wieder etwas Butter darüberlöffeln.

04 Den Dill waschen, trocken schütteln, die groben Stiele entfernen, den Rest fein schneiden. Die Schollen auf vorgewärmte Teller geben. Die restliche Butter vom Backblech mit den Krabben (oder abgetropften Shrimps), Dill und Zitronensaft in die Pfanne geben und kurz erhitzen. Die Krabbenmi-schung über die Schollen geben. Dazu passt Kartoffelsalat oder Blattsalat mit Salzkartoffeln.

LIMETTEN-LANGUSTINEN MIT KRESSE UND PAPADAMS

Zutaten (für 4 Personen)

12 große Langustinen
  (roh; mit Kopf)
5 Schalotten
8 Cocktailtomaten
50 g Koriandersamen
5 Thymianzweige
1 Knoblauchknolle
50 ml bestes Olivenöl
100 ml Geflügelbrühe
100 g Kaffir-Limettenblätter
  (aus dem Asienladen)
2 Sternanis
1 EL Speisestärke
5 Limetten
Zucker
Öl zum Frittieren
1 Salatgurke
Salz
Pfeffer aus der Mühle
200 ml Limonenöl
4 Papadams mit Chili
  (aus dem Asienladen)
1/2 Bund Koriander
2 Kästchen Shisokresse
2 Kästchen Daikonkresse

01 Die Schwänze von den Langustinen abdrehen, schälen, die Schwanzrücken längs leicht einschneiden und jeweils den Darm entfernen. Die Langustinenschwänze in den Kühlschrank legen. Die Langustinenkörper waschen.

02 Die Schalotten schälen, halbieren und in dünne Streifen schneiden. Die Cocktailtomaten waschen und vierteln. Die Koriandersamen in einer Pfanne bei mittlerer Hitze ohne Fett rösten, bis sie aromatisch duften. Den Thymian waschen und trocken schütteln. Die Knoblauchknolle quer halbieren.

03 In einem großen Topf das Olivenöl erhitzen und die Langustinenkörper und -schwanzschalen darin bei mittlerer Hitze anrösten. Die Schalotten dazugeben und kurz mitbraten. Mit Geflügelbrühe ablöschen, die Limettenblätter, Cocktailtomaten, Koriandersamen, Sternanis, Knoblauch und Thymian dazugeben. Die Flüssigkeit auf etwa die Hälfte einkochen lassen.

04 Den Sud samt Inhalt mit dem Stabmixer pürieren und durch ein feines Sieb in einen Topf gießen. Die Speisestärke mit wenig kaltem Wasser glatt rühren, etwas davon zum Langustinensud geben und kurz aufkochen lassen. Falls die Bindung noch nicht ausreichend ist, weitere Speisestärke hinzufügen und aufkochen lassen. Die Limetten auspressen und den Saft zum Sud geben. Mit Zucker abschmecken.

05 Das Öl zum Frittieren in einem Topf auf 170 °C erhitzen. Die Gurke schälen, längs halbieren, die Kerne entfernen und die Hälften in sehr feine Streifen schneiden oder hobeln. Mit Salz, Pfeffer und Zucker würzen. Kurz ziehen lassen, dann leicht ausdrücken. Das Limonenöl mit dem Stabmixer in den Langustinensud mixen und die Gurke dazugeben.

06 Den heißen (etwa 80 °C) Gurken-Langustinen-Sud über die Langustinenschwänze gießen und kurz ziehen lassen.

07 Die Papadams im heißen Öl knusprig frittieren.

08 Die Langustinen mit Marinade auf Tellern anrichten. Den Koriander waschen, trocken schütteln und die Blätter fein schneiden. Die Kresse abbrausen, mit einer Schere abschneiden und mit dem Koriander um die Langustinen streuen. Die Papadams dazu servieren.

CHILI CON HAHN MIT SCHOKOLADE

Zutaten (für 4 Personen)

- 300 g schwarze Bohnen (aus der Dose)
- 300 g weiße Bohnen (aus der Dose)
- 2 Zwiebeln
- 2 Knoblauchzehen
- 2 gelbe Paprikaschoten
- 2 rote Chilischoten
- 4 Tomaten
- 1/2 TL Kreuzkümmel
- Olivenöl zum Braten
- 1/2 l Geflügelbrühe
- 4 Hähnchenbrustfilets (ohne Haut)
- Salz
- Pfeffer aus der Mühle
- 60 g dunkle Schokolade
- 1 Bund Basilikum
- Honig

01 Die Bohnen in einem Sieb unter fließendem Wasser waschen, bis das Wasser klar abläuft. Die Zwiebeln und den Knoblauch schälen und in feine Scheiben schneiden. Die Paprika halbieren, entkernen, waschen und die Hälften in Streifen schneiden. Die Chilischoten putzen, waschen, längs halbieren, entkernen und in feine Streifen schneiden. Die Tomaten waschen und halbieren. Den Stielansatz entfernen und das Fruchtfleisch in Würfel schneiden.

02 In einem Topf den Kreuzkümmel bei mittlerer Hitze rösten, bis er anfängt zu duften. Etwas Olivenöl zugeben und Zwiebeln und Paprika darin anbraten. Chili und Knoblauch zugeben und kurz mitbraten. Die Bohnen und die Tomatenwürfel hinzufügen und die Brühe angießen. Das Chili bei schwacher Hitze 15 Minuten köcheln lassen.

03 Die Hähnchenbrüste waschen, trocken tupfen und in feine Streifen schneiden. Mit Salz und Pfeffer würzen. Die Schokolade klein hacken. Das Basilikum waschen, trocken schütteln und die Blätter abzupfen. Etwas Olivenöl in einer Pfanne erhitzen und das Hähnchenfleisch darin bei starker Hitze anbraten. Das Fleisch unter das Chili mischen und mit Salz, Pfeffer und Honig abschmecken. Die Schokolade ebenfalls untermischen. Das Chili kurz aufkochen lassen. Das Basilikum grob schneiden und kurz vor dem Servieren darüberstreuen.

Nicht zu viel Hähnchenfilet auf einmal in die Pfanne geben, sondern lieber in zwei bis drei Portionen. So brät das **Fleisch** gut an und **bleibt saftig**.

CHORIZO-HÜHNCHEN AUF RAHMKOHLRABI

Zutaten (für 4 Personen)

1 kleine rote Paprikaschote
4 Maispoulardenbrustfilets
  (mit Haut)
1 kleines Bund Basilikum
1–2 Rosmarinzweige
1–2 Thymianzweige
8 Scheiben Chorizo
Salz
Pfeffer aus der Mühle
Zucker
Olivenöl zum Braten
1 TL Butter
1 Knoblauchzehe

Für die Rahmkohlrabi

2 Kohlrabiknollen
Salz
Zucker
1 EL Butter
100 g Sahne

01 Für die gefüllten Brüste die Paprika waschen, trocken tupfen und mit dem Sparschäler dünn (etwa 1 mm dick) schälen. Die restliche Paprika halbieren, putzen und in Würfel schneiden.

02 Von den Poulardenbrüsten jeweils das kleine Filet entfernen und zwischen zwei Bögen Frischhaltefolie mit einem Plattiereisen oder einem schweren Topf sanft flach klopfen. Die restlichen Brüste auf die Hautseite legen und schräg jeweils sechsmal bis 1 mm vor die Haut einschneiden. Basilikum, Rosmarin und Thymian waschen und trocken schütteln. Vom Basilikum die Blätter abzupfen.

03 In die Schnitte der Poulardenbrüste je 1 abgeschältes Paprikastück, ein Drittel von einer Chorizoscheibe und 1 Basilikumblatt stecken. Auf jede gefüllte Poulardenbrust 1 plattiertes kleines Filet legen. Den Backofen auf 160 °C vorheizen.

04 Die gefüllten Brüste mit Salz, Pfeffer und Zucker würzen. In einer Pfanne etwas Olivenöl erhitzen und die Poulardenbrüste bei mittlerer Hitze rundherum goldbraun anbraten. Die Brüste auf das Ofengitter legen und im Backofen 12 Minuten garen.

05 Von den Kohlrabi die zarten grünen Blätter entfernen, waschen und beiseitelegen. Die Knollen schälen, halbieren und in feine Scheiben schneiden. In einem Topf geben, mit Salz und Zucker würzen und 6 bis 8 Minuten ziehen lassen. Dann die Butter dazugeben und die Kohlrabi zugedeckt 6 bis 7 Minuten im eigenen Saft dünsten.

06 In der Pfanne, in der das Fleisch angebraten wurde, etwas Olivenöl und die Butter erhitzen. Den Knoblauch mit einer Messerklinge andrücken. Die Poulardenbrüste mit Rosmarin, Thymian und Knoblauch rundherum kurz nachbraten und dabei die Paprikawürfel dazugeben.

07 Die Kohlrabiblätter fein schneiden, mit der Sahne zu den Kohlrabi geben und erhitzen. Die Kohlrabi auf Teller verteilen und die Poulardenbrüste mit den Paprikawürfeln daneben anrichten.

PUTEN-PICCATA MIT SALSA VERDE UND TOMATEN-RUCOLA-SALAT

Zutaten (für 4 Personen)

Für die Salsa verde

2 Scheiben Toastbrot
2 EL Weißweinessig
1 Bund glatte Petersilie
1/2 Bund Basilikum
1 kleine Knoblauchzehe
2 Sardellenfilets
3 TL Kapern
Salz ~ Pfeffer aus der Mühle
100 ml Olivenöl

Für den Tomaten-Rucola-Salat

120 g Rucola
4 große Fleischtomaten
1/2 rote Zwiebel
1 Handvoll Basilikumblätter
2 EL Olivenöl
2 TL Aceto balsamico
grobes Meersalz ~ Zucker
Pfeffer aus der Mühle

Für die Puten-Piccata

4 Putenbruststeaks (à 100 g)
1/2 Bio-Zitrone ~ 3 Eier
150 g Parmesan (frisch gerieben)
Salz ~ Pfeffer aus der Mühle
Öl zum Braten

01 Für die Salsa verde vom Toastbrot die Rinde entfernen. Das Brot in kleine Stücke zupfen und mit dem Essig beträufeln. Die Kräuter waschen und trocken schütteln. Den Knoblauch schälen und mit dem Toast, Kräutern, Sardellen, Kapern, Salz, Pfeffer und Olivenöl im Mixer oder mit dem Stabmixer zu einer glatten Sauce verarbeiten. Die Salsa verde 1 Stunde ziehen lassen.

02 Für den Salat vom Rucola die dicken Stiele entfernen, Rucola waschen und trocken schleudern. Die Tomaten waschen, halbieren, Stielansätze entfernen und die Hälften jeweils vierteln. Die Zwiebel schälen, halbieren und in sehr feine Streifen schneiden. Basilikumblätter waschen, trocken tupfen und kleiner zupfen. In einer großen Schüssel das Olivenöl und den Essig mit 1 Prise Meersalz und Zucker vermischen.

03 Die Putensteaks mit einem Plattiereisen oder einem schweren Topf sehr dünn klopfen. Die Zitrone heiß waschen, trocken tupfen und die Schale abreiben. Die Eier gut verquirlen und mit dem Parmesan mischen, mit Salz, Pfeffer und der Zitronenschale würzen. Putensteaks mit Salz und Pfeffer würzen, dann durch die Ei-Käse-Masse ziehen. In einer Pfanne etwas Öl erhitzen und die Piccata darin bei mittlerer Hitze von jeder Seite 2 Minuten braten.

04 Die Tomaten, Zwiebeln, Rucola und Basilikumblätter mit der Vinaigrette mischen und großzügig mit Pfeffer würzen. Den Salat auf die Teller verteilen, je 1 Piccata und die Salsa verde daneben anrichten.

KÜCHENORGANISATION
KÜHLSCHRANK

Gewusst wo!

Manche Lebensmittel mögen's sehr kalt,
andere ziemlich kalt und wieder andere
nur ein bisschen kühl. Wenn man das
berücksichtigt, ergibt sich die Ordnung
im Kühlschrank ganz von selbst. Denn in
einem Kühlschrank herrscht nicht überall
das gleiche Klima. Weil warme Luft nach
oben steigt, ist es oben am wärmsten und
unten, direkt über dem Gemüsefach, am
kältesten.

Ins **Gemüsefach** kommen Gemüse,
Salate und Kräuter.

Direkt über dem Gemüsefach liegen
Fleisch, Fisch, Wurst und Schinken.

In die Mitte gehören Milch, Milchpro-
dukte und Getränke, die man kühl genießen will, wie Sekt, Weißwein, Cidre; aber
auch vorbereitete Speisen und Reste.

Oben haben Käse, Marmeladen, Senf
und angebrochene Gläser Platz.

Wichtig: Den Kühlschrank nicht zu voll
packen, sonst kann die Luft nicht zirkulie-
ren und die Produkte werden nicht
optimal gekühlt.

Gemäßigtes Klima

Die **Türfächer** sind die wärmsten Zonen des Kühlschranks. Hierher gehört alles, was nur leicht gekühlt werden bzw. was aufrecht stehen muss. Also angebrochene Milch-, Saft- und Sahnebehälter, angebrochene Weinflaschen, Saucen- und Dressinggläser. Außerdem Eier und natürlich Butter – im oberen Fach in der Tür herrscht genau die richtige Temperatur, bei der sie streichfähig bleibt.

Um **unangenehmen Gerüchen** vorzubeugen, sollte man den Kühlschrank gelegentlich mit milder Seifenlauge auswaschen. Und wenn's doch mal nicht so gut riecht, gilt immer noch **Omas Tipp:** Alle Fächer und Wände mit Essigwasser reinigen, das wirkt geruchsbindend.

FRITTIERTER KARTOFFELSALAT

Zutaten (für 4 Personen)

600 g festkochende Kartoffeln

  (z. B. Bamberger Hörnchen, La Ratte)

Öl zum Frittieren

2 rote Paprikaschoten ~ 2 Peperoni

3 Knoblauchzehen ~ 4 EL Olivenöl

1 TL Thymianblätter ~ Salz ~ Pfeffer aus der Mühle

1 TL Honig ~ 4–6 EL alter Aceto balsamico

1 Bund Basilikum

01 Die Kartoffeln gründlich waschen und in 1 bis 2 mm dünne Scheiben hobeln. Die Scheiben kalt abspülen und auf einem Küchentuch zum Trocknen auslegen. In einem Topf reichlich Öl zum Frittieren auf 170 °C erhitzen.

02 In der Zwischenzeit die Paprikaschoten und die Peperoni halbieren, entkernen und waschen, die Hälften in kleine Würfel schneiden. Den Knoblauch schälen und ebenfalls in kleine Würfel schneiden.

03 Das Olivenöl in einer Pfanne erhitzen und Paprika, Peperoni und Knoblauch bei mittlerer Hitze anbraten. Den Thymian dazugeben und mit Salz, Pfeffer und Honig würzen. Die Pfanne vom Herd nehmen und den Balsamico hinzufügen. Die Marinade noch mal abschmecken.

04 Die Kartoffeln im heißen Öl portionsweise knusprig frittieren und auf Küchenpapier abtropfen lassen.

05 Das Basilikum waschen, trocken schütteln und die Blätter klein zupfen. Die Kartoffelchips salzen, in der Marinade kurz durchschwenken und sofort servieren.

UNTERFRÄNKISCHER KARTOFFELSALAT

Zutaten (für 4 Personen)

600 g Bamberger Hörnchen ~ Salz

1 TL Kümmelsamen ~ Pfeffer aus der Mühle

Zucker ~ 4 EL Branntweinessig

1 TL scharfer Senf

ca. 1/8 l heiße kräftige Rinderbrühe

1 kleine Zwiebel

1–2 Petersilienstiele ~ 1/2 Bund Schnittlauch

4 EL Rapsöl

01 Die Bamberger Hörnchen mit Kümmel im Dämpfeinsatz über wenig Salzwasser 15 bis 20 Minuten weich dämpfen. Dann das Wasser abgießen und kaltes Wasser auffüllen, bis die Kartoffeln bedeckt sind. Die Kartoffeln zugedeckt 10 Minuten stehen lassen. (So lassen sie sich leichter schälen.)

02 Die Kartoffeln abgießen, schälen und in 3 mm dünne Scheiben schneiden. Die Kartoffelscheiben in eine Schüssel geben, mit Salz, Pfeffer und 1 Prise Zucker würzen und mit dem Essig mischen. Den Senf unter die Brühe rühren. Die Brühe nach und nach unter die Kartoffelscheiben mischen, bis ein sämiger Salat entsteht.

03 Die Zwiebel schälen und in kleine Würfel schneiden. Die Kräuter waschen, trocken schütteln und die Blätter fein schneiden. Den Kartoffelsalat mit Salz und Pfeffer abschmecken und das Öl mit Zwiebeln und Kräutern untermischen.

KARTOFFELSALAT MIT RADIESCHEN

Zutaten (für 4 Personen)

400 g Kartoffeln

4 Schalotten

200 ml Rapsöl ~ 2 EL Senf

100 ml Weißweinessig ~ 1/4 l Brühe

2 Lorbeerblätter ~ Salz ~ Pfeffer aus der Mühle

Zucker ~ frisch geriebene Muskatnuss

1 Bund Radieschen

1 Bund Schnittlauch

01 Die Kartoffeln waschen und im Dämpfeinsatz über wenig Wasser weich kochen.

02 Die Schalotten schälen, in kleine Würfel schneiden und im Rapsöl andünsten. Senf hinzufügen und mit Essig ablöschen. Die Brühe angießen, Lorbeerblätter dazugeben und die Flüssigkeit auf die Hälfte einköcheln.

03 Die Kartoffeln schälen, 1 kleine Kartoffel beiseitelegen. Den Rest in Scheiben schneiden, in eine Schüssel geben und mit einem Tuch bedeckt warm halten.

04 Lorbeerblätter aus der Brühe entfernen. Brühe und die kleine Kartoffel mit dem Stabmixer sämig pürieren. Die warme Marinade mit den Kartoffeln vermischen. Mit Salz, Pfeffer, 1 Prise Zucker und Muskatnuss abschmecken. Den Salat mindestens 3 Stunden ziehen lassen.

05 Radieschen putzen, waschen, in Scheiben schneiden und salzen. Schnittlauch waschen und in Röllchen schneiden. Kartoffelsalat abschmecken, die Radieschen leicht ausdrücken und mit Schnittlauch unterheben.

ARTISCHOCKEN-KARTOFFELSALAT

Zutaten (für 4 Personen)

4 große oder 8 kleine Artischocken

Salz ~ 600 g festkochende Kartoffeln

1 Knoblauchzehe

1 EL Limettensaft ~ 2–3 EL Harissa

Pfeffer aus der Mühle ~ 5 EL bestes Olivenöl

3 EL Korianderblätter (fein geschnitten)

Saft von 1/2 Zitrone

1 EL Minzeblätter (fein geschnitten)

01 Von den Artischocken den Strunk abbrechen und die Artischocken in einen großen Topf mit Salzwasser geben. 15 bis 25 Minuten kochen, bis die Artischocken weich sind.

02 Die Kartoffeln schälen und in einem weiteren Topf in Salzwasser weich kochen.

03 Für das Dressing den Knoblauch schälen und mit etwas Salz zerreiben. Knoblauch mit Limettensaft, Harissa, Pfeffer und Olivenöl verrühren und 1 EL Koriander untermischen.

04 Von den Artischocken die holzigen Blätter und das »Heu« im Inneren entfernen. Alle holzigen Teile vom Boden abschneiden, die Artischocken in 5 bis 7 mm große Stücke schneiden und sofort in Zitronenwasser legen.

05 Die Kartoffeln in 5 bis 7 mm dicke Scheiben schneiden, in eine Schüssel geben und mit den Artischocken, dem Dressing sowie restlichem Koriander und Minze vermischen. Den Salat lauwarm servieren.

ENTENBRUST MIT KÜRBIS-CAPPUCCINO

Zutaten (für 4 Personen)

2 Lorbeerblätter

10 Wacholderbeeren

2 Nelken ~ 1/2 Sternanis

2 Kardamomkapseln

1 TL Koriandersamen

1 TL Senfkörner

2 TL Pfefferkörner

1 TL Salz ~ 1 TL Zucker

4 Entenbrüste
   (weiblich; 120–140 g)

Öl zum Braten

1 Thymianzweig

1 Bio-Orange

Für den Kürbis-Cappuccino

1 kleine Chilischote

1/8 l Orangensaft

1 Zimtstange

1 TL mildes Currypulver

1 kleiner Hokkaido-Kürbis

Salz ~ Zucker

2 EL Kürbiskerne

1 l Kokosmilch

1/4 l Milch für Milchschaum

2 EL Kürbiskernöl

01 Die Gewürze in einer Pfanne ohne Fett rösten. Mit Salz und Zucker in einem Mörser fein zerstoßen (ergibt etwa 4 EL Gewürzpulver). Die Entenbrüste mit Küchenpapier trocken tupfen, mit der Gewürzmischung einreiben und zugedeckt über Nacht im Kühlschrank marinieren.

02 Für den Kürbis-Cappuccino die Chilischote waschen. Den Orangensaft mit Chili und Gewürzen in einem Topf erhitzen und etwa 5 Minuten bei schwacher Hitze köcheln lassen. In der Zwischenzeit den Kürbis halbieren und die Kerne mit einem Löffel entfernen. Das Fruchtfleisch mit Schale grob raspeln und mit Salz und 1 Prise Zucker würzen. Die Gewürze aus dem Orangensaft nehmen und die Kürbisraspel darin bei schwacher Hitze zugedeckt weich kochen.

03 Den Backofen auf 80 °C Umluft oder 100 °C Ober-/Unterhitze vorheizen. Die Entenbrüste auf der Hautseite rautenförmig leicht einschneiden. Die Entenbrüste in einer Pfanne bei mittlerer Hitze auf der Hautseite knusprig braten. Wenden und auf der anderen Seite ebenfalls kurz anbraten. Die Entenbrüste auf das Ofengitter legen und im Backofen etwa 12 Minuten garen.

04 Die Kürbiskerne in einer Pfanne ohne Fett rösten. 4 bis 8 EL Kürbisraspel aus dem Topf nehmen, beiseitestellen. Die Kokosmilch in den Topf gießen und alles mit dem Stabmixer fein pürieren. Die Suppe salzen und warm halten.

05 Die Pfanne mit dem Entenfett erhitzen. Thymian waschen und trocken schütteln. Die Orange heiß waschen, trocken reiben und die Hälfte der Schale in die Pfanne reiben. Thymian dazugeben und die Entenbrüste auf jeder Seite 1 Minute nachbraten. Herausnehmen und kurz ruhen lassen. Die Orange auspressen, mit dem Saft den Bratensatz ablöschen und etwas einkochen lassen.

06 Die Milch mit einem Milchaufschäumer oder dem Stabmixer aufschäumen. Die Kürbissuppe in vorgewärmte Gläser geben und jeweils einen Faden Kürbiskernöl hineinlaufen lassen. Die geschäumte Milch darauf verteilen und mit ein paar Kürbiskernen bestreuen.

07 Die beiseitegelegten Kürbisraspel auf Teller verteilen. Die Entenbrüste schräg in Scheiben schneiden und auf dem Kürbis anrichten. Über und um die Fleischscheiben etwas Sauce träufeln. Den Kürbis-Cappuccino dazu servieren.

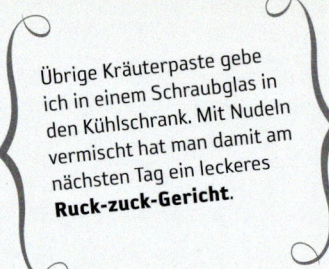

Übrige Kräuterpaste gebe ich in einem Schraubglas in den Kühlschrank. Mit Nudeln vermischt hat man damit am nächsten Tag ein leckeres **Ruck-zuck-Gericht**.

RINDERFILET AUS DEM ROTWEINSUD MIT KRÄUTER-POLENTA

Zutaten (für 4 Personen)

je 1 Bund Thymian, Rosmarin,
    Estragon, Petersilie
2 Bund Basilikum
1/2 Bund Bärlauch
1 Möhre ~ 5 Schalotten
2 Knoblauchknollen
2 l einfacher Rotwein
5 Lorbeerblätter ~ 5 Nelken
10 Wacholderbeeren
200 ml bestes Olivenöl
800 g Rinderfilet (Mittelstück)
2 Bund Frühlingszwiebeln
Salz ~ Pfeffer aus der Mühle
Zucker ~ 50 g Butter
3 EL Geflügelbrühe
Fleur de sel

Für die Polenta
1/2 l Milch ~ Salz
100 g feiner Instant-Polentagrieß
etwas Geflügelbrühe
frisch geriebene Muskatnuss
1 Bio-Zitrone
100 g Parmesan (frisch gerieben)

01 Die Kräuter waschen, trocken schütteln und die Blätter abzupfen; vom Bärlauch die groben Stiele abschneiden. Die Möhre schälen und in Stücke schneiden. Die Schalotten schälen und halbieren. Die Knoblauchknollen quer halbieren. Den Rotwein mit den Kräuterstielen, Schalotten, Knoblauch, Lorbeerblättern, Nelken und Wacholderbeeren in einen Topf geben, auf 80 °C erhitzen.

02 Die Kräuterblätter mit dem Olivenöl im Küchenmixer oder mit dem Stabmixer zu einer Paste mixen und kühl stellen.

03 Das Rinderfilet jeweils in 2 cm Abstand mit Küchengarn umwickeln und verknoten. Das Filet in den Rotweinsud legen und 30 Minuten rosa garen.

04 Für die Polenta die Milch mit etwas Salz aufkochen lassen und den Polentagrieß einrieseln lassen. Unter ständigem Rühren bei schwacher Hitze quellen lassen. Wenn die Polenta zu fest wird, etwas Geflügelbrühe dazugießen. Mit Salz und Muskatnuss abschmecken.

05 Die Frühlingszwiebeln putzen, waschen, den weißen Teil in Ringe, den grünen Teil in sehr schräge Spitzen schneiden. Mit Salz, Pfeffer und 1 Prise Zucker marinieren. Die Butter in einer Pfanne zerlassen, die Frühlingszwiebeln darin andünsten, mit Geflügelbrühe ablöschen und weich dünsten.

06 Die Zitrone heiß waschen, trocken reiben und etwas Schale in die Polenta reiben. Den Parmesan und so viel Kräuterpaste unter die Polenta rühren, dass sie eine »schlotzige« Konsistenz bekommt.

07 Die Kräuterpolenta in die Tellermitte geben. Die Schnüre vom Rinderfilet entfernen, das Fleisch in Scheiben schneiden, mit Fleur de sel und Pfeffer würzen und auf die Polenta setzen. Die Frühlingszwiebeln außen herum verteilen, dabei nach Belieben die Spitzen leicht an das Filet stellen.

STEAK-TATAR AUF GLASIERTEN MEERRETTICH-ZUCKERSCHOTEN MIT VANILLE-CHILI-SCHMANT

Zutaten (für 4 Personen)

Für die Meerrettich-Zuckerschoten

600 g Zuckerschoten
Salz ~ Zucker
1 Knoblauchzehe ~ 1 EL Butter
etwas frischer Meerrettich
1 EL Schnittlauchröllchen

Für den Vanille-Chili-Schmant

2 Chilischoten ~ 1 Bio-Zitrone
1 Vanilleschote
200 g Schmant ~ 1 EL Honig
Salz ~ Pfeffer aus der Mühle

Für das Steak-Tatar

4 Scheiben Rinderfilet
   (à 200 g; ca. 3 cm dick)
Salz ~ Pfeffer aus der Mühle
Zucker ~ Öl zum Braten
1 EL Schnittlauchröllchen
je 1 EL Schalotten- und Essig-
   gurkenwürfel
je 1 EL Ketchup, Senf und Kapern
je 1 EL Olivenöl und Cognac
1 Eigelb

01 Die Zuckerschoten waschen, putzen und halbieren oder dritteln. In einen Topf geben, mit Salz und Zucker bestreuen und 6 bis 8 Minuten ziehen lassen.

02 Für den Vanille-Chili-Schmant die Chilischoten putzen, waschen, längs halbieren und entkernen. Die Hälften in kleine Würfel schneiden. Die Zitrone heiß waschen, trocken reiben, die Schale abreiben und den Saft auspressen. Die Vanilleschote längs aufschneiden und das Vanillemark herauskratzen. Den Schmant mit Chili, Vanillemark, Zitronensaft und -schale und Honig vermengen. Mit Salz und Pfeffer abschmecken.

03 Den Knoblauch mit einer Messerklinge andrücken. Mit der Butter zu den Zuckerschoten geben und bei schwacher Hitze zugedeckt 4 bis 5 Minuten im eigenen Saft garen.

04 Für das Steak-Tatar jeweils die oberen Seiten der Rinderfilets in 1 bis 2 mm Abstand bis zur Mitte der Steaks einschneiden. Die Steaks um 90 Grad drehen und senkrecht zu den bestehenden Schnitten im gleichen Abstand wiederum bis zur Mitte einschneiden (von oben gesehen entsteht ein tiefes Gitter). Die Fleischscheiben auf der unteren Seite mit Salz, Pfeffer und 1 Prise Zucker würzen. Etwas Öl in einer Pfanne erhitzen und die Filets darin bei mittlerer Hitze 3 bis 4 Minuten anbraten.

05 Die restlichen Tatarzutaten vermengen und mit Salz, Pfeffer und Zucker abschmecken. Die Tatarmarinade auf die eingeschnittenen Seiten der Filets verteilen, einmassieren und einziehen lassen.

06 Etwas Meerrettich schälen, fein reiben und mit dem Schnittlauch unter die Zuckerschoten mischen.

07 Die Zuckerschoten auf Teller verteilen, das Steak-Tatar darauf und den Vanille-Chili-Schmant daneben anrichten.

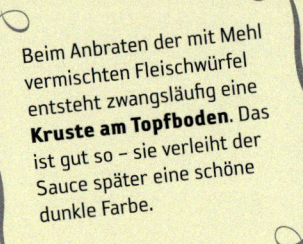

Beim Anbraten der mit Mehl vermischten Fleischwürfel entsteht zwangsläufig eine **Kruste am Topfboden**. Das ist gut so – sie verleiht der Sauce später eine schöne dunkle Farbe.

PICHELSTEINER »OSSOBUCO« MIT GEMÜSE UND GREMOLATA

Zutaten (für 4 Personen)

1,5 kg Rinderbeinscheiben
200 g Möhren
150 g Petersilienwurzeln
2 rote Zwiebeln
2 Knoblauchzehen
1 Bund Suppengrün
1 Rosmarinzweig
Salz
Pfeffer aus der Mühle
1/2 EL Mehl
Olivenöl zum Braten
1 EL Tomatenmark
80 ml Rotwein
2 Lorbeerblätter
5 Wacholderbeeren
1/2 kleine Staude Mangold
Zucker

Für die Gremolata

2 Petersilienstiele
1 Knoblauchzehe
1/2 Bio-Zitrone
1/2 EL grobes Meersalz
1 EL Olivenöl
Pfeffer aus der Mühle

01 Die Beinscheiben trocken tupfen. Das Fleisch in grobe Würfel schneiden, die Knochen beiseitelegen. Die Möhren schälen, längs in Streifen, dann in Stifte schneiden. Die Petersilienwurzeln schälen und in 1/2 cm dicke Scheiben schneiden. Die Zwiebeln schälen und in feine Würfel schneiden. 1 Knoblauchzehe schälen und mit einer Messerklinge andrücken. Das Suppengrün putzen und waschen. Den Rosmarin waschen, trocken schütteln, die Nadeln fein hacken.

02 Die Fleischwürfel mit Salz und Pfeffer würzen und mit dem Mehl vermengen. In einem großen Schmortopf Öl erhitzen. Die Fleischstücke darin in 2 bis 3 Portionen (je nach Topfgröße) bei mittlerer Hitze unter Rühren anbraten. Dann die Zwiebeln, den Knoblauch, Möhren und Petersilienwurzeln dazugeben und mitdünsten. Das Tomatenmark hinzufügen, unter Rühren mitrösten und mit dem Rotwein ablöschen. 1 Minute kochen lassen und dabei mit einem Holzlöffel den Topfboden freikratzen. 300 ml Wasser angießen. Das Suppengrün, Rosmarin, Lorbeerblätter, Wacholderbeeren und die Knochen dazugeben. Alles bei schwacher Hitze zugedeckt etwa 1 Stunde schmoren lassen.

03 Für die Gremolata die Petersilie waschen, trocken schütteln und die Blätter fein schneiden. Den Knoblauch schälen und in kleine Würfel schneiden. Die Zitrone heiß waschen, trocken reiben und die Schale abreiben. Zitronenschale, Knoblauch, Petersilie, Meersalz, Olivenöl und Pfeffer vermischen.

04 Den Mangoldstrunk mit etwa 3 cm vom Blattansatz abschneiden. Die Blätter waschen und die dicken weißen Stiele v-förmig ausschneiden. Die Stiele in sehr feine Streifen, die Blätter in grobe Streifen schneiden. Den restlichen Knoblauch schälen und mit einer Messerklinge andrücken. Etwas Öl in einer Pfanne erhitzen, die Mangoldstiele bei starker Hitze 1 Minute anbraten. Die Blätter und den Knoblauch dazugeben und bei mittlerer Hitze 1 Minute andünsten. Mit Salz, Pfeffer und 1 Prise Zucker würzen. Den Knoblauch entfernen.

05 Das Pichelsteiner »Ossobuco« mit je 1 Markknochen (zum Auslöffeln!) und den Mangold auf Teller verteilen und das Fleisch mit Gremolata bestreuen.

KALBSKOTELETTS IN SALBEIBUTTER MIT ZIEGENKÄSEPOLENTA UND SCHLUPPEN

Zutaten (für 4 Personen)

2 Bund Frühlingszwiebeln
  (Schluppen)
200 g Cocktailtomaten
Fleur de sel
Zucker
4 dicke Kalbskoteletts
Pfeffer aus der Mühle
Olivenöl zum Braten
120 g Butter
2 Knoblauchzehen
15–25 Salbeiblätter

Für die Polenta
300 ml Milch
1/2 TL Salz
100 g Instant-Polentagrieß
100 g Ziegenfrischkäse
3 EL Olivenöl

01 Die Frühlingszwiebeln putzen, waschen und längs halbieren. Die Tomaten waschen und halbieren. Die Gemüse leicht mit Fleur de sel und Zucker bestreuen, damit sie Wasser ziehen. Den Backofen auf 140 °C vorheizen.

02 Die Koteletts waschen, trocken tupfen und mit Pfeffer würzen. Etwas Öl in einer ofenfesten Pfanne erhitzen und die Koteletts darin bei starker Hitze von beiden Seiten scharf anbraten. Die Koteletts auf das Ofengitter legen und im vorgeheizten Ofen 15 bis 22 Minuten garen. Die Pfanne beiseitestellen.

03 Für die Polenta die Milch mit 300 ml Wasser in einem Topf zum Kochen bringen, salzen und den Polentagrieß unter Rühren langsam einrieseln lassen. Die Polenta vom Herd nehmen und zugedeckt quellen lassen.

04 Die Kotelettpfanne erhitzen und die Frühlingszwiebeln darin anbraten. Die Tomaten dazugeben, mit Fleur de sel würzen und die Pfanne zum Fleisch in den Ofen stellen.

05 Die Polenta wieder erhitzen und glatt rühren, nach Bedarf noch etwas Wasser zugeben. Den Ziegenfrischkäse und das Olivenöl unterrühren. Die Polenta warm halten.

06 Die Koteletts aus dem Ofen nehmen und 3 bis 5 Minuten zugedeckt ruhen lassen. Die Butter in einer Pfanne bei mittlerer Hitze zerlassen. Den Knoblauch mit einer Messerklinge andrücken und mit den Salbeiblättern in die Butter geben. Die Koteletts mit Fleur de sel würzen und kurz durch die heiße Salbeibutter ziehen.

07 Die Polenta auf Teller verteilen, das Gemüse danebenan richten, die Koteletts darauflegen und die Salbeibutter darüberlöffeln.

KNUSPRIGES STÄNGEL-CORDON-BLEU
MIT KARTOFFEL-FRISCHKÄSE-DIP

Zutaten (für 4 Personen)

Für den Dip

200 g Kartoffeln ~ Salz
1/2 kleines Bund gemischte
    Kräuter (z. B. Petersilie,
    Basilikum, Kerbel)
1/2 kleines Bund Schnittlauch
150 g sahniger Frischkäse
Pfeffer aus der Mühle
Zucker
1/4 TL Purple Currypulver
    (aus dem Gewürzversand;
    siehe Tipp)

Für das Stängel-Cordon-bleu

4 Schweineschnitzel
    (aus der Oberschale)
50 g Bergkäse
50 g gekochter Schinken
50 g frischer Meerrettich
Salz ~ Zucker
Pfeffer aus Mühle
1 TL scharfer Senf
1 Ei ~ 1 EL Mehl
4 EL Paniermehl
4 EL Butterschmalz

01 Für den Dip die Kartoffeln schälen und in 1/2 cm große Würfel schneiden. Die Kartoffelwürfel in wenig Salzwasser zugedeckt in 2 1/2 Minuten weich dünsten. Die Kräuter waschen, trocken schütteln und fein schneiden. Den Frischkäse mit Salz, Pfeffer, Zucker und Currypulver würzen und die abgetropften heißen Kartoffelwürfel mit den Kräutern unterrühren. Nach Belieben noch ein bisschen Kartoffelkochwasser unterrühren.

02 Für das Cordon bleu die Schweineschnitzel zwischen je 2 Bögen Frischhaltefolie legen und mit einem Plattiereisen oder schweren Kochtopf hauchdünn (etwa 1 mm) klopfen. Den Bergkäse fein reiben. Den Schinken in Würfel schneiden. Den Meerrettich schälen und fein reiben.

03 Die Fleischscheiben mit Salz, wenig Zucker und Pfeffer würzen und mit Senf bestreichen. Den Meerrettich, den Käse und die Schinkenwürfel darauf verteilen. Die Fleischscheiben von einer Längsseite aus sehr straff aufrollen, sodass die Fleischröllchen etwa zeigefingerdick und 20 bis 25 cm lang sind.

04 Das Ei auf einem flachen Teller leicht verquirlen. Das Mehl und das Paniermehl jeweils auf weitere Teller verteilen. Die Fleischröllchen zuerst in Mehl, dann in Ei und zum Schluss im Paniermehl wenden.

05 Das Butterschmalz in einer Pfanne erhitzen und die Stängel-Cordon-bleu bei mittlerer Hitze goldbraun ausbacken. Mit dem Kartoffel-Frischkäse-Dip servieren.

Das **Purple Currypulver** ist eine geniale Würze für Dips und Saucen, aber auch für helles Fleisch, Muscheln, Fisch, Geflügel und Kaninchen. Durch seinen hohen Hibiskusanteil hat es eine **intensiv säuerliche Note**. Ich verrühre das rötlich-violette Pulver mit Öl zu einer Paste, mit der ich das Fleisch mariniere oder nach dem Garen im Ofen einstreiche und anschließend in Butter nachbrate.

SCHARFE SAU MIT PAPRIKA-BRATKARTOFFELN

Zutaten (für 4 Personen)

Für die Paprika-Bratkartoffeln

500 g Pellkartoffeln vom Vortag

2 rote Paprikaschoten

1 Bund Frühlingszwiebeln

1 Zwiebel

1 Chilischote

Olivenöl zum Braten

20 g Butter

1 Msp. Kümmelsamen

Salz

Pfeffer aus der Mühle

frisch geriebene Muskatnuss

Für die scharfe Sau

4 Schweinefilets (à 150 g)

Salz

Pfeffer aus der Mühle

2 Knoblauchzehen

1 Thymianzweig

1 Rosmarinzweig

Olivenöl zum Braten

20 g Butter

2–8 Spritzer Tabasco

01 Für die Bratkartoffeln die Kartoffeln pellen und in 1/2 cm dicke Scheiben schneiden. Die Paprikaschoten halbieren, entkernen, waschen und die Hälften in kleine Würfel schneiden. Die Frühlingszwiebeln putzen, waschen und in feine Ringe schneiden. Die Zwiebel schälen und in kleine Würfel schneiden. Die Chilischote halbieren, entkernen, waschen und in kleine Würfel schneiden.

02 Die Schweinefilets trocken tupfen und mit Salz und Pfeffer würzen. Die Knoblauchzehen mit einer Messerklinge andrücken. Den Thymian und Rosmarin waschen und trocken schütteln. In einer Pfanne etwas Olivenöl erhitzen und die Schweinefilets darin bei starker Hitze rundherum goldbraun braten. Gegen Ende die Butter mit Knoblauch, Thymian und Rosmarin dazugeben, kurz mitbraten und mit Tabasco würzen. Die Filets herausnehmen, in Alufolie wickeln und an einem warmen Ort ruhen lassen.

03 Kräuterzweige und Knoblauch aus der Pfanne nehmen und etwas Olivenöl darin erhitzen. Die Kartoffelscheiben darin knusprig braten. Dann die Butter mit Zwiebeln, Paprika, Chilis und Frühlingszwiebeln dazugeben und ein paar Minuten mitbraten. Die Kümmelsamen fein hacken und dazugeben. Die Bratkartoffeln mit Salz, Pfeffer und Muskatnuss würzen.

04 Die scharfen Schweinefilets mit den Bratkartoffeln auf Tellern anrichten.

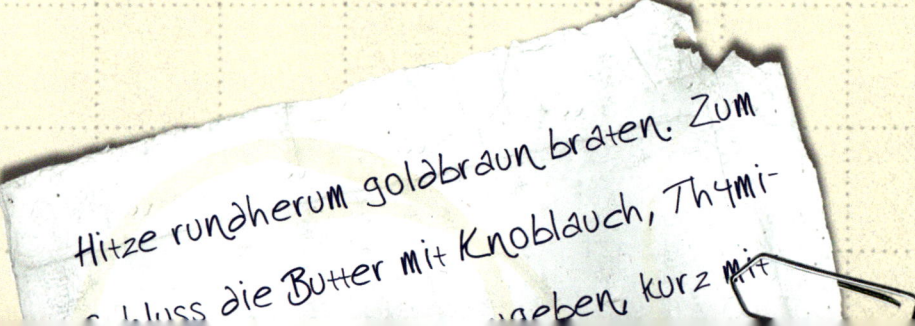

Hitze rundaherum goldabraun braten. Zum Schluss die Butter mit Knoblauch, Thymi- ... geben, kurz mit...

ROSAROTE SCHWEINEMEDAILLONS AUF ARMEN RITTERN MIT TOMATEN-BASILIKUM-SAUCE

Zutaten (für 4 Personen)

Für die Tomatensauce
400 g Cocktailtomaten
etwas Chilischote
1/8 l bestes Olivenöl
Salz
Zucker
1 kleines Bund Basilikum

Für die Filets
600 g Schweinefilet
Salz
Pfeffer aus der Mühle
100 g Bergkäse (frisch gerieben)

Für die Armen Ritter
50 g Sesamsamen
80 g Cornflakes
1 Knoblauchzehe
4 Eier
150 ml Milch
Salz
Zucker
Pfeffer aus der Mühle
frisch geriebene Muskatnuss
4 Scheiben Toastbrot
3 EL Schweineschmalz

01 Für die Sauce die Cocktailtomaten waschen, trocken tupfen und klein schneiden. Chilischote waschen, putzen, entkernen und in kleine Würfel schneiden. Tomaten mit Olivenöl und Chili in einen breiten Topf geben, mit Salz und Zucker würzen und bei mittlerer Hitze sämig einkochen lassen.

02 Das Schweinefilet in 12 etwa 1,5 cm dicke Scheiben schneiden und mit Salz und Pfeffer würzen. Die Filets in die Tomatensauce setzen, mit dem Bergkäse bestreuen und zugedeckt bei schwacher Hitze 5 bis 7 Minuten ziehen lassen.

03 Für die Armen Ritter den Sesam in einer Pfanne ohne Fett rösten, bis er aromatisch duftet. Die Cornflakes zerdrücken, mit dem Sesam vermengen und auf einen Teller geben. Den Knoblauch schälen und fein reiben. Die Eier mit der Milch verquirlen und mit Salz, Zucker, Pfeffer, Muskatnuss und Knoblauch würzen. Die Toastscheiben in die Eiermilch legen. Das Schweineschmalz erhitzen und den eingeweichten Toast darin bei mittlerer Hitze auf beiden Seiten goldgelb braten. Herausheben und sofort mit beiden Seiten in die Cornflakes-Sesam-Mischung drücken.

04 Das Basilikum waschen, trocken schütteln und die Blätter grob schneiden. Die Armen Ritter auf Teller verteilen, die Schweinefilets daraufsetzen. Das Basilikum unter die Tomatensauce mischen und die Sauce über den Schweinefilets verteilen.

KÄSESCHNITZEL MIT TOMATENSALAT

Zutaten (für 4 Personen)

4 Schweineschnitzel (à 120 g)
Salz
Pfeffer aus der Mühle
frisch geriebene Muskatnuss
2 Eier
100 g Parmesan (frisch gerieben)
ca. 4 EL Milch
Mehl zum Panieren
Sonnenblumenöl zum Braten

Für den Tomatensalat

8 große Tomaten
2 rote Zwiebeln
2 Knoblauchzehen
Salz
Zucker
Pfeffer aus der Mühle
2 EL alter Aceto balsamico
6 EL Olivenöl
4 Scheiben Baguette
8 EL Sonnenblumenöl
1 Bund Basilikum

01 Die Schnitzel zwischen 2 Bögen Frischhaltefolie legen und mit dem Plattiereisen oder einem schweren Topf flach klopfen. Die Folie entfernen und die Schnitzel mit Salz, Pfeffer und Muskatnuss würzen.

02 Die Eier in einer Schüssel etwas verquirlen, den Parmesan und so viel Milch dazugeben, dass eine zähe Masse (wie ein dicker Pfannkuchenteig) entsteht. Etwas Mehl auf einem Teller verteilen.

03 Für den Tomatensalat die Tomaten waschen, achteln und dabei die Stielansätze entfernen. Die Zwiebeln schälen, halbieren und in sehr feine Streifen schneiden. Die Knoblauchzehen schälen und in feine Würfel schneiden. Die Tomaten mit Zwiebeln und Knoblauch in eine Schüssel geben. Mit Salz, Zucker und Pfeffer würzen, Essig und Öl darübergeben und alles mischen. Den Salat ziehen lassen.

04 Die Schnitzel im Mehl wenden, etwas abklopfen und durch die Parmesan-Ei-Mischung ziehen. Das Öl in einer Pfanne erhitzen und die Schnitzel darin bei mittlerer Hitze von jeder Seite goldgelb braten.

05 Die Baguettescheiben in Würfel schneiden. In einer Pfanne das Sonnenblumenöl erhitzen und die Baguettewürfel knusprig braten.

06 Das Basilikum waschen, trocken schütteln, die Blätter abzupfen und in feine Streifen schneiden. Den Tomatensalat mit Salz und Pfeffer abschmecken und Baguettewürfel mit Basilikum untermischen. Den Salat sofort auf Teller verteilen und die Schnitzel daneben anrichten.

SALAT VON GEGRILLTEN GEMÜSEN MIT LAMMRÜCKEN

Zutaten (für 4 Personen)

1 rote Paprikaschote
1 gelbe Paprikaschote
1 Zucchino
1 Zwiebel
3 Knoblauchzehen
3 Strauchtomaten
Olivenöl zum Braten
Fleur de sel
Pfeffer aus der Mühle
600 g Lammrücken oder
  Lammhüfte (pariert)
1/2 Bund Petersilie
Saft von 1 Zitrone
2–3 EL bestes Olivenöl
4 Rosmarinzweige
20 g Butter

01 Die Paprikaschoten halbieren, entkernen, waschen und die Hälften noch mal halbieren. Den Zucchino putzen, waschen und in fingerdicke Scheiben schneiden. Die Zwiebel und 1 Knoblauchzehe schälen. Die Zwiebel in fingerdicke Scheiben, den Knoblauch in feine Würfel schneiden. Die Tomaten waschen, in dicke Scheiben schneiden und dabei den Stielansatz herausschneiden. Den Backofen auf 180 °C vorheizen.

02 In einer Grillpfanne wenig Olivenöl erhitzen. Das Gemüse ohne die Tomaten darin goldbraun braten und dabei kräftig mit Fleur de sel und Pfeffer würzen. Zum Schluss noch kurz die Tomaten dazugeben und erwärmen. Das Gemüse auf einen großen Bogen Alufolie geben, die Alufolie verschließen und etwa 10 Minuten ruhen lassen.

03 Den Lammrücken mit Pfeffer würzen. In der Grillpfanne etwas Olivenöl erhitzen und den Lammrücken darin bei starker Hitze rundherum gut anbraten. Den Lammrücken auf dem Ofengitter 6 bis 8 Minuten garen.

04 Die Petersilie waschen, trocken schütteln und die Blätter fein schneiden. Das Gemüse aus der Folie nehmen, fein hacken und in eine Schüssel geben. Mit Petersilie, Zitronensaft und Olivenöl mischen.

05 Den Lammrücken aus dem Ofen nehmen, in Alufolie wickeln und etwa 10 Minuten ruhen lassen.

06 Die Rosmarinzweige waschen und trocken schütteln. Die restlichen Knoblauchzehen mit einer Messerklinge andrücken. Die Butter in einer Pfanne zerlassen, die Rosmarinzweige und die Knoblauchzehen dazugeben. Den Lammrücken in der Pfanne bei mittlerer Hitze rundherum kurz nachbraten.

07 Den gegrillten Salat auf Teller verteilen. Den Lammrücken in Scheiben schneiden, mit Fleur de sel bestreuen und mit den Rosmarinzweigen auf dem Gemüse anrichten.

LUCKYS LAMMHAMMER MIT GESCHMORTEN ARTISCHOCKEN

Zutaten (für 4 Personen)

1 Lammschulter (ca. 1,4 kg)
Salz ~ Pfeffer aus der Mühle
Zucker
500 g gemischtes Wurzelgemüse
   (z. B. Möhren, Knollensellerie,
   Petersilienwurzel, Pastinaken)
2 Thymianzweige
2 Rosmarinzweige
1 Knoblauchknolle
200 g Tomaten
Olivenöl zum Braten
1/2 l trockener Weißwein
300 g Lammrücken (ausgelöst)
1 EL Butter

Für die Artischocken

8 Baby-Artischocken
2 Petersilienstiele
1 Thymianzweig
1 Handvoll Zuckerschoten
1 Knoblauchzehe
2 EL Olivenöl
1 TL Butter
Salz ~ Pfeffer aus der Mühle
Zucker
60 ml trockener Weißwein

01 Die Lammschulter an den Gelenken in 3 Stücke zerteilen und mit Salz, Pfeffer und 1 Prise Zucker würzen. Das Wurzelgemüse schälen und in kleine Würfel schneiden. Thymian und Rosmarin waschen und trocken schütteln. Die Knoblauchknolle quer halbieren. Die Tomaten waschen, grob zerkleinern und die Stielansätze entfernen. Den Backofen auf 130 °C vorheizen.

02 Etwas Olivenöl in einem Bräter erhitzen und die Schulterstücke hellbraun anbraten. Das Fleisch aus dem Topf nehmen. Wieder etwas Olivenöl erhitzen und das Gemüse mit je 1 Thymian- und Rosmarinzweig sowie 1/2 Knoblauchknolle anbraten. Tomaten sowie Wein dazugeben und einkochen lassen.

03 Die Lammschulter auf das Gemüse setzen und so viel Wasser angießen, dass das Fleisch bedeckt ist. Aufkochen lassen, dann den Bräter zugedeckt in den Ofen stellen und das Fleisch 1 bis 1 1/2 Stunden gar schmoren.

04 Die Lammschulter aus dem Bräter nehmen, Ofentemperatur auf 80 °C reduzieren. Sauce durch ein grobes Sieb passieren und im Bräter sämig einkochen lassen. Das Fleisch ablösen, in die Sauce geben und mit Salz und Pfeffer würzen.

05 Den Lammrücken mit Salz und Pfeffer würzen. Olivenöl erhitzen, den Rücken hellbraun anbraten, auf das Ofengitter setzen und 15 Minuten garen.

06 Von den Artischocken die harten dunklen Blätter und die Blattansätze entfernen. Den Stiel kürzen und schälen, die Artischocken vierteln. Petersilie und Thymian waschen, trocken schütteln und die Petersilienblätter fein schneiden. Zuckerschoten waschen, putzen, schräg halbieren. Den Knoblauch andrücken.

07 Das Olivenöl mit Butter in einem Topf erhitzen und die Artischocken bei mittlerer Hitze mit Thymian und Knoblauch anbraten. Mit Salz, Pfeffer und 1 Prise Zucker würzen und mit Weißwein ablöschen. Die Zuckerschoten und die Petersilie dazugeben und die Flüssigkeit einkochen lassen.

08 Die Pfanne trocken tupfen und die Butter erhitzen. Die übrige 1/2 Knoblauchknolle und die übrigen Kräuterzweige in die Butter geben. Den Lammrücken in der aromatisierten Butter rundherum 1 bis 2 Minuten nachbraten.

09 Den Lammrücken in Scheiben schneiden und mit Schulterfleischstücken und Artischocken auf Tellern anrichten. Etwas Sauce über den Teller träufeln.

Thymian
Küchengewürz

wt375

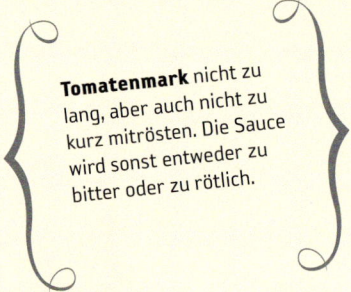

CRÊPINETTES VOM LAMMRÜCKEN MIT OLIVENÖL-JUS

Zutaten (für 6–8 Personen)

1 Lammrücken vom Limousinlamm
  (mit Knochen; ca. 3 kg)

2 Zwiebeln ~ 4 Schalotten

1 Möhre ~ 1/2 Sellerieknolle

2 Knoblauchknollen

je 1 Bund Thymian und Rosmarin

100 ml bestes Olivenöl

Salz ~ 2 EL Tomatenmark

1/2 l Rotwein

1 EL Fenchelsamen

1 EL Pfefferkörner

Pfeffer aus der Mühle

frisch geriebene Muskatnuss

grobes Meersalz

50 g Sahne

500 g Kartoffeln (z. B. La Ratte
  oder Bamberger Hörnchen)

6 große Artischocken

Saft von 1 Zitrone ~ 2 Zucchini

je 1 rote und gelbe Paprikaschote

1 rote Zwiebel

500 g Schweinenetz
  (beim Metzger vorbestellen)

50 g Parmesan (fein gerieben)

100 g Pinienkerne ~ Zucker

1/2 Bund Petersilie

2 Bund Basilikum

01 Den Lammrücken auslösen, die Abschnitte beiseitelegen, die Knochen grob hacken. Zwiebeln, Schalotten, Möhre und Sellerie schälen und in walnussgroße Stücke schneiden. Knoblauchknollen quer halbieren, 1/2 Zehe auslösen und beiseitelegen. Thymian und Rosmarin waschen, trocken schütteln.

02 Knochen und Abschnitte in einem Bräter in Olivenöl rösten und salzen. Gemüse dazugeben, kurz anbraten. Tomatenmark leicht mitrösten. Wein angießen und einkochen lassen. Knoblauch, Thymian, Rosmarin (bis auf 2 Zweige), Fenchel und Pfeffer dazugeben. Mit Wasser bedeckt zugedeckt 3 bis 4 Stunden köcheln.

03 50 g Lammrücken in Würfel schneiden. Mit Salz, Pfeffer und Muskat würzen und mit der 1/2 Knoblauchzehe im Küchenmixer fein mixen. Die Sahne nach und nach hinzufügen und alles zu einer glatten, glänzenden Farce mixen.

04 Backofen auf 180 °C vorheizen. Die Kartoffeln abbürsten, halbieren, Schnittflächen mit Meersalz und Muskat würzen. Ein Backblech mit Olivenöl beträufeln, die Nadeln von 2 Rosmarinzweigen darüberstreuen. Kartoffeln mit den Schnittflächen nach unten daraufsetzen und im Ofen 25 Minuten goldbraun backen.

05 Von den Artischocken Blätter, Stiel und »Heu« entfernen. Die Böden von faserigen Stellen befreien und in Zitronenwasser legen. Zucchini putzen, waschen, in Scheiben schneiden. Die Paprika halbieren, entkernen, mit dem Sparschäler schälen, in große Würfel schneiden. Die rote Zwiebel klein würfeln.

06 Backofen auf 180 °C vorheizen. Lammrücken portionieren, salzen und pfeffern, je 1 Seite mit Farce bestreichen und in Schweinenetz wickeln. In Olivenöl auf der Verschlussseite 2 Minuten anbraten. Wenden und 1 Minute braten. Mit Parmesan bestreut auf dem Gitter im Ofen 5 bis 8 Minuten rosa garen.

07 Pinienkerne goldbraun rösten. Artischocken in Stücke schneiden und mit den Zwiebeln in Olivenöl anbraten, bis sie weich sind. Zuerst Paprika, dann Zucchini kurz mitdünsten. Mit Salz, Pfeffer und Zucker würzen. Petersilien- und Basilikumblätter fein schneiden. Gemüse mit Kräutern und Pinienkernen mischen.

08 Den Knochensud durch ein Sieb gießen und mit Salz, Pfeffer und etwas Olivenöl mit dem Stabmixer aufmixen. Die Crêpinettes, Gemüse und Kartoffeln daneben auf Teller verteilen und die Sauce über die Crêpinettes träufeln.

ZWEIERLEI VOM REH MIT DUNKLEM SUGO UND GEBRATENEM RISOTTO

Zutaten (für 4 Personen)

Für den gebratenen Risotto

1 Zwiebel ~ 1 Knoblauchzehe

1 Thymianzweig

2 EL Olivenöl zum Braten

200 g Risottoreis ~ Salz

200 ml Weißwein

3/4 l heiße Geflügelbrühe

150 g Butter ~ 2 Vanilleschoten

150 g Parmesan (frisch gerieben)

Mehl zum Wenden

Für das Reh

500 g Wurzelgemüse
  (z. B. Möhren, Sellerieknolle,
  Petersilienwurzel)

Öl zum Braten

1 kleine Rehschulter (1,2–1,4 kg)

200 ml Rotwein

1 l Geflügelbrühe

400 g Rehrücken (ausgelöst)

Salz ~ Zucker

Pfeffer aus der Mühle

1 Rosmarinzweig

1 Thymianzweig ~ 50 g Butter

5 Wacholderbeeren

1 Lorbeerblatt

50 g Zartbitterkuvertüre (fein
  gerieben)

01 Für den Risotto die Zwiebel schälen und in kleine Würfel schneiden. Den Knoblauch mit einem Messerrücken andrücken. Den Thymianzweig waschen und trocken schütteln. Das Olivenöl in einem Topf erhitzen. Zwiebeln, Knoblauch, Risottoreis und Thymianzweig dazugeben und andünsten, bis die Zwiebelränder braun werden. Den Reis mit Salz würzen und mit Weißwein ablöschen. Die Flüssigkeit unter Rühren einkochen lassen. Etwas Geflügelbrühe dazugeben, wieder unter Rühren einkochen lassen und so fortfahren, bis der Reis bissfest ist. Zwischendurch die Butter stückchenweise unterrühren.

02 Die Vanilleschoten längs aufschneiden und das Mark herauskratzen. Kurz vor Garzeitende des Risottos Thymianzweig und Knoblauch entfernen und den Parmesan mit dem Vanillemark untermischen. Die Risottomasse auf einem Backblech verteilen und etwa 2 Stunden abkühlen lassen.

03 Backofen auf 160 °C vorheizen. Für das Reh das Wurzelgemüse putzen, schälen und in grobe Stücke schneiden. In einem Bräter etwas Öl erhitzen und die Rehschulter anbraten. Das Wurzelgemüse dazugeben, kurz mitbraten und mit Rotwein ablöschen. Den Rotwein einkochen lassen, die Brühe angießen und das Reh zugedeckt im Backofen 1 1/2 bis 2 Stunden schmoren.

04 Den Rehrücken mit Salz, Zucker und Pfeffer würzen. Rosmarin und Thymian waschen und trocken schütteln. Die Butter erhitzen und den Rücken mit Rosmarin, Thymian, Wacholderbeeren und Lorbeerblatt bei mittlerer Hitze goldbraun anbraten. Das Fleisch an einem warmen Ort zugedeckt ruhen lassen.

05 Die Rehschulter aus dem Bräter nehmen. Die Sauce durch ein grobes Sieb in einen Topf gießen und sämig einkochen lassen. Das Fleisch von den Knochen lösen, in Portionsstücke schneiden und in die sämige Sauce geben.

06 Aus dem Risotto mit einem Glas Kreise ausstechen oder die Platte in Dreiecke schneiden. Die Risottostücke beidseitig mit Mehl bestäuben. Die restliche Butter erhitzen und die Risottostücke auf beiden Seiten goldgelb braten.

07 Die Schokolade unter die Sauce mischen. Den Rehrücken in Scheiben schneiden. Das Schulterfleisch mit Sauce, Filetscheiben und gebratenem Risotto anrichten. Dazu passen in Butter gedünstete Rosenkohlblättchen.

HIRSCHMEDAILLONS MIT MANDELKRUSTE AUF SPITZKOHLNESTERN

Zutaten (für 4 Personen)

Für die Portweinsauce
100 ml Portwein
100 ml Traubensaft
1 EL Aceto balsamico

Für die Mandelkruste
100 g Butter ~ 1/2 Bio-Zitrone
200 g gemahlene Mandeln
Salz ~ Pfeffer aus der Mühle

Für die Spitzkohlnester
1/2 kleiner Spitzkohl
1/2 EL Butter
Salz ~ Zucker

Für die Hirschmedaillons
2 Wacholderbeeren
1 Nelke ~ 1 Sternanis
1/2 TL Zimtpulver
2 Pimentkörner
8 Hirschrückenmedaillons
   (à ca. 100 g; küchenfertig)
1 TL grobes Meersalz
Pfeffer aus der Mühle
Öl zum Braten

01 Für die Portweinsauce den Portwein mit Traubensaft und Essig bei mittlerer Hitze etwa 10 Minuten sirupartig einkochen lassen. Dabei immer wieder mit einem Teigschaber die Topfseiten säubern.

02 Für die Mandelkruste die Butter in einem kleinen Topf aufschäumen lassen. Die Zitrone heiß waschen, trocken reiben und die Schale abreiben. Mandeln und Zitronenschale in die Butter rühren, mit Salz und Pfeffer würzen. Die Mandelbutter auf einen Teller geben und im Kühlschrank abkühlen lassen.

03 Für die Spitzkohlnester den Kohl längs halbieren, dabei den Strunk entfernen. Den Kohl waschen, trocken schütteln und in feine Streifen schneiden. In einer großen beschichteten Pfanne die Butter erhitzen und den Spitzkohl 1 bis 2 Minuten unter ständigem Wenden goldbraun braten. Mit Salz und 1 Prise Zucker würzen. Den Backofen auf 200 °C vorheizen.

04 Für die Hirschmedaillons die Gewürze in einem Mörser grob zerstoßen. Die Hirschmedaillons auf einen Teller legen und die obere Seite mit Salz, Pfeffer und der Gewürzmischung bestreuen. Etwas Öl in einer großen Pfanne erhitzen und die Medaillons bei mittlerer Hitze auf beiden Seiten je 1 Minute goldbraun anbraten.

05 Vom Spitzkohl 8 kleine »Nester« auf ein Backblech setzen. Auf jedes Medaillon etwas Mandelkruste geben und die Medaillons auf die Spitzkohlnester setzen. Im Backofen etwa 3 Minuten backen, bis die Kruste goldbraun ist.

06 Die Portweinsauce wieder erhitzen. Je 2 Spitzkohlnester mit Hirschmedaillons auf einen Teller setzen und außen herum die Portweinsauce verteilen. Dazu passt eine Kürbis-Pfifferling-Salsa.

DIE ARMEN RETTER
MIT BRATAPFELKOMPOTT

Zutaten (für 4 Personen)

Für die Armen Retter

3 Brötchen vom Vortag
1/2 Bio-Zitrone
1/2 Bio-Orange
150 ml Milch ~ 150 g Sahne
1 Ei ~ 40 g Zucker
Mark von 1/2 Vanilleschote
Zimtpulver ~ Salz
Paniermehl zum Wenden
1 EL Butter ~ 2 EL Öl

Für das Bratapfelkompott

1 EL Marzipanrohmasse
2 TL Puderzucker
1 EL Mandeln oder Haselnüsse
  (gehackt)
1/2 TL Lebkuchengewürz
4 säuerliche Äpfel
  (z. B. Boskop oder Cox Orange)
Saft von 1 Zitrone
Butter und Zucker für das Blech
1 Rosmarinzweig ~ 1 Sternanis
4 Kardamomkapseln ~ 2 Nelken

01 Von den Brötchen mit einer feinen Reibe die Kruste entfernen. Jedes Brötchen in vier gleich große Stücke brechen. Zitrone und Orange heiß waschen, trocken reiben und von den Schalen jeweils 1/2 TL abreiben. Milch, Sahne, Ei, Zucker, Zitronen- und Orangenschale, Vanillemark, je 1 Prise Zimt und Salz verrühren und die Brötchenstücke darin einweichen, bis sie die ganze Flüssigkeit aufgesogen haben.

02 Für das Bratapfelkompott den Backofen auf 190 °C Umluft oder 210 °C Ober-/Unterhitze vorheizen. Das Marzipan mit Puderzucker, Mandeln und Lebkuchengewürz zu einem homogenen Teig verkneten. Die Äpfel waschen und mit einem Apfelausstecher die Kerngehäuse entfernen. Die Äpfel halbieren und die Schnittflächen mit Zitronensaft beträufeln. Die Marzipanmasse in die Vertiefungen drücken.

03 Ein Backblech mit Butter einfetten, mit Zucker bestreuen und die Äpfel mit den Schnittflächen nach unten daraufsetzen. Den Rosmarin waschen, trocken schütteln, die Nadeln abzupfen und mit Sternanis, Kardamomkapseln und Nelken im Mörser zerstoßen oder im Ganzen über die Äpfel geben. Die Äpfel im vorgeheizten Backofen 12 bis 16 Minuten backen.

04 Die Äpfel aus dem Ofen nehmen und die Haut abziehen. Die mürben oder halb zerfallenen Apfelstücke in eine Schüssel geben und bis zum Servieren zudecken.

05 Die Brötchenstücke im Paniermehl wenden. Butter und Öl in einer Pfanne erhitzen und die Brötchenstücke darin rundherum goldbraun braten. Herausnehmen, kurz auf Küchenpapier abtropfen lassen und sofort mit dem Bratapfelkompott servieren.

Die Kochprofis **zu Gast bei der Feuerwehr** – da werden aus den »Armen Rittern« ganz schnell die »Armen Retter«. Diese Süßspeise ist nicht nur super lecker, dank Brot, Milch und Ei bringt sie volle Power für den nächsten Einsatz.

SCHOKOKUCHEN MIT ANANAS-FENCHEL-SALAT UND SÜSSEM PESTO

Zutaten (für 4 Personen)

Für den Schokokuchen

50 g große Rosinen

2 EL Strohrum

200 g Zartbitterkuvertüre

150 g Butter

5 Eier

80 g brauner Zucker

Butter und Zucker für die Form

Für das Pesto

50 g Basilikumblätter

1 Bio-Zitrone

1 TL Kokosraspel

4 EL Apfelsaft

1 EL Pinienkerne

3 EL Kleehonig

4 EL bestes Olivenöl ~ 8 EL Öl

2 EL Parmesan (frisch gerieben)

Für den Ananas-Fenchel-Salat

300 g Ananas

1 kleine Fenchelknolle

1 EL brauner Zucker

1 Bio-Limette

4 EL weißer Aceto balsamico

4 EL Öl

01 Für den Kuchen die Rosinen in einem kleinen Schälchen mit Strohrum mischen und über Nacht ziehen lassen.

02 Die Kuvertüre grob hacken und mit der Butter über einem Wasserbad schmelzen lassen. Die Eier trennen. Die Eigelbe mit der Hälfte des braunen Zuckers hellschaumig schlagen. Die Eiweiße mit dem restlichen braunen Zucker zu steifem Schnee schlagen. Den Backofen auf 200 °C vorheizen.

03 Die flüssige Kuvertüre-Butter-Mischung vorsichtig unter den Eigelbschaum heben. Die Rumrosinen dazugeben und anschließend das geschlagene Eiweiß unterheben. 4 ofenfeste Schälchen mit Butter ausstreichen und mit Zucker ausstreuen. Die Schokomasse in die Schälchen geben und im Backofen (Mitte) 8 Minuten backen. Den Kuchen herausnehmen, auf ein Kuchengitter stürzen und auskühlen lassen.

04 Für das Pesto die Basilikumblätter waschen und trocken tupfen. Die Zitrone heiß waschen, trocken reiben, die Schale abreiben und den Saft auspressen. Basilikum, Zitronensaft, Zitronenschale, Kokosraspel, Apfelsaft, Pinienkerne, Honig und Öle mit dem Stabmixer oder im Küchenmixer pürieren. Zum Schluss den geriebenen Parmesan unterrühren. Das Pesto kühl stellen.

05 Für den Ananas-Fenchel-Salat die Ananas schälen und den harten Strunk in der Mitte herausstechen. Den Fenchel putzen und waschen, 1 TL Fenchelgrün fein schneiden und beiseitelegen. Ananas und Fenchel auf der Aufschnittmaschine in 1 mm dünne Scheiben schneiden. Einen Topf erhitzen, den Zucker hineinstreuen und goldgelb karamellisieren lassen. Die Fenchelscheiben dazugeben und mit dem Karamell unter gelegentlichem Wenden etwa 5 Minuten dünsten, sodass die ätherischen Öle verfliegen.

06 Die Limette heiß waschen, trocken reiben, die Schale abreiben und den Saft auspressen. Limettensaft und -schale unter den Fenchel mischen und alles in eine Schüssel umfüllen. Das Fenchelgrün und die Ananasscheiben locker untermischen und den Fenchel abkühlen lassen. Dann mit Essig und Öl abschmecken.

07 Den Schokokuchen mit Ananas-Fenchel-Salat und süßem Pesto auf Tellern anrichten. Dazu passt Sauerrahm-Basilikum-Eis.

CRÈME CARAMEL MIT LORBEER-ORANGEN-AROMA

Zutaten (für 4–6 Personen)

1/2 Zitrone
100 g Zucker
1 Vanilleschote
1/2 Bio-Orange
150 g Sahne
50 ml Milch
1 Lorbeerblatt
3 Eigelb

Für die Beeren-Deko

300 g Erdbeeren oder gemischte
    Beeren (z. B. Himbeeren,
    Heidelbeeren, Erdbeeren)
1 Spritzer Zitronensaft
    oder Obstessig
Puderzucker zum Bestäuben

01 Einen kleinen Topf mit der Zitronenhälfte ausstreichen, 50 g Zucker hineingeben und bei schwacher Hitze goldgelb karamellisieren lassen. Den Karamell in ofenfeste Portionsförmchen gießen.

02 Die Vanilleschote längs aufschneiden und das Mark herauskratzen. Die Orange heiß waschen, trocken reiben und die Schale abreiben. Sahne und Milch mit dem Vanillemark, der Vanilleschote, dem Orangenabrieb, Lorbeerblatt und dem restlichen Zucker aufkochen lassen. Die Vanillesahne auf etwa 50 °C abkühlen lassen.

03 Die Vanillesahne durch ein Sieb gießen. Die Eigelbe mit einem Schneebesen unter die Vanillesahne schlagen. Die Vanillesahne in die Förmchen auf den Karamell gießen. Den Backofen auf 110 °C vorheizen.

04 Die Förmchen in eine Auflaufform oder ein tiefes Backblech stellen und so viel heißes Wasser angießen, dass die Förmchen zu zwei Dritteln darin stehen. Die Auflaufform oder das Backblech mit Alufolie abdecken und 30 bis 40 Minuten im Ofen fest werden lassen. Durch leichtes Ruckeln kann man feststellen, ob die Creme bereits gestockt ist. Die Förmchen aus dem Ofen nehmen, abkühlen und mindestens 1 Stunde im Kühlschrank ruhen lassen.

05 Die Beeren waschen, putzen, trocken tupfen, die Erdbeeren je nach Größe halbieren oder vierteln. Die Beeren mit Zitronensaft oder Obstessig marinieren.

06 Die Crèmes auf Teller stürzen, die Beeren daneben verteilen und mit Puderzucker bestäuben.

Crème caramel ist das perfekte **Dessert für Partys**, denn sie lässt sich gut vorbereiten. Sehr edel für viele kleine Portionen: Die Creme in Espressotassen garen.

VANILLESOUFFLÉ MIT RUMKIRSCHEN UND SPEKULATIUSKROKANT

Zutaten (für 4 Personen)

Für die Rumkirschen

2 Vanilleschoten
2 Bio-Orangen ~ 2 Bio-Zitronen
200 g Zucker
100 ml roter Portwein
100 ml Kirschnektar
100 ml Strohrum (80 %)
1 Zimtstange
4 EL Speisestärke
300 g Schattenmorellen
   (tiefgekühlt)

Für den Krokant

100 g Zucker
200 g Gewürzspekulatius
50 g Mandelstifte

Für die Soufflés

60 g Butter ~ 60 g Mehl
360 ml Milch
Butter und Zucker
   für die Förmchen
6 Eiweiß ~ 100 g Zucker
4 Eigelb
Puderzucker zum Bestäuben

01 Für die Rumkirschen die Vanilleschoten längs halbieren, das Mark auskratzen und für die Soufflés beiseitestellen. Die Orangen und Zitronen heiß waschen, trocken reiben und die Schalen abreiben. Den Zucker in einem Topf bei mittlerer Hitze goldgelb karamellisieren lassen. Mit Portwein, Kirschnektar und Strohrum ablöschen. Die Zimtstange, ausgekratzte Vanilleschoten sowie Zitrusschalen dazugeben und aufkochen lassen. Die Speisestärke mit wenig kaltem Wasser anrühren, etwas davon hinzufügen und noch mal aufkochen lassen. Wenn die Bindung noch nicht ausreichend ist, weitere Speisestärke hinzufügen und noch mal aufkochen lassen. Den Kirschsirup durch ein Sieb gießen. Die tiefgekühlten Kirschen hinzufügen und abkühlen lassen.

02 Für den Krokant den Zucker in einem Topf goldgelb karamellisieren lassen. Die Spekulatius zerkrümeln, mit den Mandelsplittern mischen und in den Karamell geben. Die Masse dünn auf Backpapier streichen und abkühlen lassen.

03 Für die Soufflés die Butter in einem Topf schmelzen lassen. Das Mehl hinzufügen und bei mittlerer Hitze unter Rühren leicht abbrennen, sodass ein weißer Film am Topfboden entsteht. Die Milch und das Vanillemark hinzufügen. Die Mischung 1 bis 2 Minuten durchkochen und lauwarm abkühlen lassen.

04 4 Souffléförmchen mit Butter ausstreichen und mit Zucker ausstreuen. Den Backofen auf 160 °C vorheizen. Die Eiweiße zu steifem Schnee schlagen, dabei nach und nach den Zucker einrieseln lassen. Die Eigelbe nacheinander unter die Soufflémasse rühren. Den Eischnee vorsichtig unterheben. So viel Soufflémasse in die Förmchen füllen, dass diese etwa zur Hälfte gefüllt sind. Die Förmchen in eine große ofenfeste Form oder ein tiefes Backblech stellen und so viel heißes Wasser einfüllen, dass die Förmchen zu zwei Dritteln darin stehen. Die Soufflés im Ofen 20 bis 25 Minuten garen, bis sie aufgegangen sind und sich der Teig beim vorsichtigen Rütteln nicht mehr bewegt.

05 Den Spekulatiuskrokant grob hacken. Die Soufflés großzügig mit Puderzucker bestäuben und die Förmchen auf große Teller stellen. Die Rumkirschen um die Förmchen verteilen und mit Krokant bestreuen.

MARENS SCHOKO-TOPFEN-KNÖDEL MIT SABAYON

Zutaten (für 4 Personen)

Für die Topfenknödel
200 g Quark (20 oder 40 %)
3–4 Scheiben Toastbrot
1 Vanilleschote ~ 1 Bio-Zitrone
1 Ei ~ 1 Eigelb
1 EL Honig
Salz
Zucker
1 Spritzer Zitronensaft

Für die Knödelfüllung
100 g Zartbitterschokolade
15 g Butter
1 EL Crème fraîche
1 Spritzer Rum

Für den Knödelmantel
3 Scheiben Toastbrot
2 EL Butter
3 EL gemahlene Haselnüsse

Für die Sabayon
2 Eigelb
4 EL Weißwein
1 TL Honig

01 Für die Topfenknödel ein Sieb mit einem Küchentuch auslegen und den Quark hineingeben. Das Sieb in eine Schüssel hängen und den Quark im Kühlschrank mehrere Stunden abtropfen lassen.

02 Für die Knödelfüllung die Schokolade in Stücke brechen und mit der Butter über einem heißen Wasserbad zum Schmelzen bringen. Die Crème fraîche unterrühren, mit Rum abschmecken und die Schokomasse kalt stellen.

03 Für die Knödel vom Toastbrot die Rinde entfernen und das Brot in sehr kleine Würfel schneiden. Die Vanilleschote längs aufschneiden und das Mark herauskratzen. Die Zitrone heiß waschen, trocken reiben und die Schale abreiben. Den abgetropften Quark mit Zitronenschale, Vanillemark, Ei, Eigelb und Honig cremig verrühren. Die Toastbrotwürfel untermischen und die Masse 20 Minuten ruhen lassen.

04 Für den Knödelmantel von den Toastbrotscheiben die Rinden entfernen und das Brot mit dem Stabmixer oder im Küchenmixer zu Bröseln verarbeiten. Die Butter in einer Pfanne erhitzen und die Brösel goldbraun rösten. Die Haselnüsse dazugeben, kurz mitrösten und die Mischung auf einen Teller geben.

05 Mit einem Melonenausstecher von der Schokomasse 12 Kügelchen abstechen oder mit einem Löffel kleine Portionen abnehmen und mit den Händen zu kleinen Kugeln drehen. Aus der Quarkmasse mit den Händen 12 kleine Knödel formen. Dabei mit einem Finger jeweils ein Loch hineindrücken, mit je 1 Schokokugel füllen und die Knödel wieder rund drehen.

06 In einem breiten Topf reichlich Wasser mit 1 kleinen Prise Salz, Zucker und etwas Zitronensaft zum Sieden (nicht Kochen!) bringen. Die Knödel ins Wasser geben und 5 bis 7 Minuten garen, bis sie an die Oberfläche steigen.

07 Für die Sabayon Eigelbe mit Weißwein und Honig in eine Edelstahlschüssel geben und über einem heißen Wasserbad schaumig schlagen.

08 Die Knödel mit dem Schaumlöffel aus dem Wasser nehmen, in den Haselnussbröseln wälzen und auf Teller geben. Die Sabayon außen herum verteilen. Das Dessert nach Belieben mit frischen Beeren und Minzeblättern garnieren.

RUCK, ZUCK!

TOMATEN-BASILIKUM-PANZANELLA MIT ZANDERFILET

Zutaten (für 4 Personen)

2 Brötchen vom Vortag
100 g Sopressa (ital. Wurst-
spezialität)
2 Strauchtomaten
1 rote Zwiebel
2 Rosmarinzweige
2 Knoblauchzehen
5 EL bestes Olivenöl
Salz
Pfeffer aus der Mühle
280 g Zanderfilet (mit Haut)
Koriandersamen aus der Mühle
1 EL Mehl
2 Petersilienstiele
2 EL Öl
1/2 EL Butter
1 kleines Bund Basilikum
2–3 EL Aceto balsamico

01 Für die Panzanella die Brötchen in etwa 1 cm dicke Scheiben und quer in 3 Stücke schneiden. Die Sopressa in 2 1/2 mm dicke Scheiben und diese in Rauten schneiden. Die Tomaten waschen, in Spalten schneiden und dabei den Stielansatz entfernen. Die Zwiebel schälen, halbieren und in Streifen schneiden. Den Rosmarin waschen und trocken schütteln. 1 Knoblauchzehe mit einer Messerklinge andrücken.

02 2 EL Olivenöl in einer Pfanne erhitzen und die Brötchenwürfel mit 1 Rosmarinzweig und der Knoblauchzehe goldgelb anbraten. Mit Salz und Pfeffer würzen.

03 Das Zanderfilet trocken tupfen, in 4 Stücke schneiden und mit Salz, Pfeffer und Koriander würzen. Die Hautseiten mit Mehl bestäuben. Die Petersilie waschen, trocken schütteln und die Blätter fein schneiden. Das Öl in einer Pfanne erhitzen und die Zanderstücke darin bei mittlerer Hitze auf der Hautseite 3 bis 4 Minuten goldbraun anbraten. Die restliche Knoblauchzehe mit einer Messerklinge andrücken. 1 EL Olivenöl, die Butter, den restlichen Rosmarinzweig, den Knoblauch und die Petersilie zum Fisch geben. Die Zanderfilets wenden und 1 Minute weiterbraten, dabei immer wieder etwas Bratöl darüberlöffeln.

04 Das Basilikum waschen, trocken schütteln und die Blätter grob schneiden. Die Brotstücke mit Sopressa, Tomaten, Zwiebeln und Basilikum locker mischen und mit dem restlichen Olivenöl, Essig, Salz und Pfeffer würzen.

05 Die Panzanella auf Teller verteilen und das Zanderfilet darauf anrichten.

SPECKIGE GARNELEN
MIT KALTER APFEL-BASILIKUM-SAUCE

Zutaten (für 4 Personen)

Für die Sauce
20 g Pinienkerne
1 säuerlicher Apfel
   (z. B. Granny Smith)
Saft von 1 Zitrone
1 TL Honig
2 EL Crème fraîche
1/2 Bund Basilikum

Für die Spieße
2 rote Peperoni
8 Salzwasser-Riesengarnelen-
   schwänze
4 Scheiben Frühstücksspeck
Salz
Pfeffer aus der Mühle
Olivenöl zum Braten

01 Für den Sauce die Pinienkerne in einer Pfanne ohne Fett goldbraun rösten. Den Apfel vierteln und das Kerngehäuse entfernen. Die Apfelviertel mit Schale auf einer Reibe fein raspeln und mit Zitronensaft, Honig, Crème fraîche und Pinienkernen vermischen. Das Basilikum waschen, trocken schütteln, die Blätter klein zupfen und unter die Sauce mischen.

02 Für die Spieße die Peperoni längs halbieren, entkernen, waschen und dritteln. Die Riesengarnelen schälen, den Rücken längs leicht einschneiden und den Darm entfernen. Die Garnelen jeweils in 3 Stücke schneiden. Den Frühstücksspeck quer in Streifen schneiden. Nach Belieben alle oder nur einen Teil der Garnelenstücke mit Speck umwickeln und mit den Peperonistücken auf 4 lange Holzspieße stecken. Die Spieße mit Salz und Pfeffer würzen.

03 Etwas Olivenöl in einer Pfanne erhitzen und die Spieße darin bei mittlerer Hitze rundherum etwa 5 Minuten braten. Die Spieße auf Küchenpapier kurz entfetten.

04 Die Apfelsauce in breite, niedrige Gläser (Whisky Tumbler) verteilen und die Garnelenspieße hineinstecken. Nach Belieben mit Salat- oder Kräuterblättern garnieren.

TANDOORI CHICK ZUM SELBERROLLEN

Zutaten (für 4 Personen)

3 Hähnchenbrustfilets
(à ca. 140 g; ohne Haut;
ersatzweise 400 g Puten-
brustfilet)
1 EL rote Tandooripaste
(aus dem Asienladen)
2 Bund Frühlingszwiebeln
1 Chilischote
1 Mango
1 Stück Ingwer (4 cm)
1 Bio-Limette
Salz
Pfeffer aus der Mühle
Sojasauce
1 Eisbergsalat
Olivenöl zum Braten

01 Das Hähnchenfilet in sehr kleine Würfel schneiden und mit der Tandooripaste marinieren.

02 Die Frühlingszwiebeln putzen, waschen und so schräg wie möglich in
dünne Streifen schneiden. Die Chilischote putzen, waschen, entkernen und in
kleine Würfel schneiden. Die Mango schälen, das Fruchtfleisch vom Stein und
in kleine Würfel schneiden. Den Ingwer schälen und in kleine Würfel schneiden. Die Limette heiß waschen, trocken reiben, die Schale abreiben und den
Saft auspressen. Mangowürfel mit Chili, Frühlingszwiebeln, Ingwer, Limettensaft und -schale, Salz, Pfeffer, Sojasauce und nach Belieben mit einem
Spritzer Austernsauce in einer Schüssel mischen.

03 Den Eisbergsalat putzen, halbieren, waschen, trocken schütteln, den
Strunk entfernen, die Blätter ablösen und auf einer Platte anrichten.

04 Das Hähnchenfleisch salzen. In einer Pfanne etwas Öl erhitzen und das
Hähnchenfleisch bei starker Hitze anbraten. Das Mangogemüse hinzufügen
und mitbraten, bis das Fleisch gar ist.

05 Die Chicken-Mischung auf einer Platte anrichten und mit dem Eisbergsalat servieren. Bei Tisch nimmt sich jeder ein Blatt Eisbergsalat, gibt ein paar
Löffel Chicken-Mischung drauf –einrollen und reinbeißen!

GRATINIERTE AVOCADO MIT BLATTSALAT

Zutaten (für 4 Personen)

4 Scheiben Bauernbrot
3 EL Olivenöl
2 reife Avocados
2 TL Zitronensaft
Salz
Pfeffer aus der Mühle
Zucker
120–150 g Parmesan
1 EL Cashewkerne

Für den Salat

4 getrocknete Tomaten
1 kleines Bund Rucola
2 Basilikumstiele
3 Petersilienstiele
1/2 EL Rotweinessig
1/2 TL Honig
Salz
Pfeffer aus der Mühle
1 1/2 EL Olivenöl

01 Den Backofen auf 180 °C vorheizen. Das Brot in Würfel schneiden und in einer Schüssel mit 1 EL Olivenöl vermischen. Die Brotwürfel auf einem Backblech verteilen und im heißen Backofen (Mitte) in etwa 5 Minuten goldbraun rösten, dabei zwischendurch wenden. Für den Salat die getrockneten Tomaten in heißem Wasser einweichen.

02 Die Avocados längs halbieren: Dafür mit dem Messer rundherum bis zum Kern einschneiden und die Hälften gegeneinander drehen, bis sie sich lösen. Mit der Messerklinge behutsam in den Stein schlagen, sodass das Messer stecken bleibt. Den Stein herausheben. Die Avocadohälften nacheinander in die Hand nehmen und mit einem kleinen Messer das Fruchtfleisch in Würfel teilen, ohne dabei durch die Schalen zu schneiden. Die Schalen beiseitelegen. Die Avocadowürfel in einer Schüssel mit dem Zitronensaft vermischen. Mit Salz, Pfeffer und 1 Prise Zucker würzen.

03 Die Brotwürfel aus dem Backofen nehmen, die Backofentemperatur auf 220 °C erhöhen. Den Parmesan grob reiben und die Cashewkerne grob hacken. Ein bisschen Parmesan beiseitestellen, den restlichen Käse, die Nüsse, die gerösteten Brotwürfel und das restliche Olivenöl mit den Avocadowürfeln kurz vermischen. Die Mischung in die Avocadoschalen füllen und den restlichen Parmesan darüberstreuen. Die Avocados im Backofen (oben) 5 bis 8 Minuten gratinieren.

04 Für den Salat den Rucola und die Kräuter waschen, trocken schütteln und grob schneiden. Die eingeweichten Tomaten trocken tupfen und ebenfalls grob schneiden. Essig, Honig, Salz, Pfeffer und Olivenöl in einer Schüssel verrühren. Den Rucola, die Kräuter und die Tomaten darin marinieren.

05 Die Avocadohälften mit dem Salat auf Tellern anrichten.

Die Frische macht's

Frisch geerntete Kräuter strotzen geradezu vor Aroma, Vitaminen und Mineralstoffen. Ideal sind deshalb Kräuter in Töpfen: Man hat immer einen erntefrischen Vorrat und gleichzeitig eine hübsche Küchen-Deko. Im Bund gekaufte Kräuter braust man kurz unter kaltem Wasser ab und bewahrt sie in Küchenpapier gewickelt in einem Gefrierbeutel im Gemüsefach auf.

Neben Salz und Pfeffer gehören zur Gewürzgrundausstattung getrocknete Chilis, Muskatnuss, Koriander- und Kreuzkümmelsamen, Paprika, Lorbeerblätter und Zimtstangen. Das intensivste Aroma haben Gewürze, wenn man sie frisch zerkleinert. Am besten legt man sich ein paar Gewürzmühlen zu, die man nach Bedarf mit den ganzen Gewürzen füllt. Oder man zerstößt die Gewürze im Mörser.

KÜCHENORGANISATION
KRÄUTER & GEWÜRZE

SELLERIESUPPE MIT GEBRATENEN AUSTERNPILZEN

Zutaten (für 4 Personen)

1 kleine Sellerieknolle
Salz
Zucker
1 kleine Zwiebel
1/8 l Weißwein
2 EL Wermut (z. B. Noilly Prat)
1/2 l Milch
1 Liebstöckelstiel
Koriander aus der Mühle
1 EL Vadouvan
   (aus dem Gewürzversand;
   siehe Tipp)
Pfeffer aus der Mühle
180 g Austernpilze
1 EL Butter
2 EL grobes Paniermehl
100 g Staudensellerie
1–2 Petersilienstiele

01 Den Knollensellerie waschen, schälen und grob raspeln. In einen Topf geben und mit Salz und 1 Prise Zucker würzen, kneten und 10 Minuten ziehen lassen.

02 Die Zwiebel schälen und in kleine Würfel schneiden. Mit Weißwein und Wermut in einen Topf geben und die Flüssigkeit bei starker Hitze komplett einkochen lassen. Mit Milch ablöschen und aufkochen lassen.

03 Den Liebstöckel waschen und trocken schütteln. Die Zwiebelmilch und den Liebstöckel in den Topf zum Sellerie geben und 5 bis 6 Minuten bei mittlerer Hitze kochen lassen. Mit Koriander, Vadouvan, Salz, Pfeffer und Zucker würzen. Liebstöckel entfernen und die Selleriemilch mit dem Stabmixer pürieren und durch ein Sieb passieren.

04 Die Austernpilze putzen und in Streifen schneiden. In einer Pfanne die Butter erhitzen, die Pilze mit dem Paniermehl darin goldgelb braten, mit Salz und Pfeffer würzen. Den Staudensellerie waschen, putzen und in sehr feine Scheiben schneiden. Die Petersilie waschen, trocken schütteln und die Blätter abzupfen.

05 Die Selleriesuppe in tiefe Teller füllen, die gebratenen Austernpilze und die Selleriescheiben darin verteilen. Mit Petersilienblättern garnieren.

Vadouvan ist eine **Gewürzmischung aus Indien**. Sie enthält unter anderem Muskatnuss, Kardamom, Kümmel, Ingwer, Zwiebel, Knoblauch, Senfsamen und Bockshornklee, alles gemahlen, bei niedriger Temperatur geröstet und fermentiert. Ihr intensives Aroma passt gut zu Suppen und Eintöpfen, kräftigen Saucen und Wintergemüsen.

GURKEN-SHOOTER MIT MEERRETTICH UND RÄUCHERFORELLE

Zutaten (für 4 Personen)

2 Schlangengurken oder
  1 Salatgurke

1 Bio-Zitrone

1/2 l Buttermilch

1–2 TL Meerrettich (frisch
  gerieben oder aus dem Glas)

2 TL Estragonblätter

1 TL Senf

Salz

Pfeffer aus der Mühle

Zucker

2 geräucherte Forellenfilets

01 Die Gurken waschen, längs halbieren und die Kerne mit einem Löffel auskratzen. Die Gurkenhälften in grobe Stücke schneiden. Die Zitrone heiß waschen, trocken reiben, die Schale abreiben und den Saft auspressen.

02 Die Gurkenstücke mit Buttermilch, Zitronenschale, Meerrettich, Estragonblättern und Senf mit dem Stabmixer oder im Küchenmixer fein pürieren. Mit Salz, Pfeffer, Zucker und Zitronensaft abschmecken. Den Gurken-Shooter kalt stellen.

03 Die Forellenfilets von der Haut und verbliebenen Gräten befreien und in mundgerechte Stücke schneiden. Die Forellenstücke auf 4 Holzspieße stecken. Nach Belieben etwas frisch geriebenen Meerrettich und Estragonblätter darüberstreuen.

04 Den Gurken-Shooter in Gläser füllen und die Forellenspieße dazu servieren.

Statt mit Meerrettich kann man den Shooter auch **mit Chili schärfen**.
Was auf die Spieße kommt, entscheidet man nach Lust und Laune. Sehr lecker schmeckt beispielsweise **Räuchertofu**.

GRÜNE SUPPE

Zutaten (für 4 Personen)

1 Salatgurke
  (aus dem Kühlschrank)
1 Knoblauchzehe
1 Bund Basilikum
200–250 g Schmant
2 EL Olivenöl
2 EL Mandel- oder Pistazienöl
1 EL Weißweinessig
100 g Mandeln
Salz
Pfeffer aus der Mühle

01 Die Serviergläser in das Tiefkühlgerät stellen. Die Gurke schälen, in Stücke schneiden und in den Küchenmixer geben. Den Knoblauch schälen und dazugeben. Das Basilikum waschen, trocken schütteln und die Blätter abzupfen. Basilikumblätter mit Schmant, Olivenöl, Mandelöl, Essig, Mandeln, Salz und Pfeffer in den Küchenmixer geben und fein pürieren. Nach Belieben noch einen Schuss Mineralwasser mit Kohlensäure untermischen, so wird die Suppe noch leichter.

02 Die Suppe mit Salz und Pfeffer abschmecken, in die vorgekühlten Gläser füllen und sofort servieren. Dazu passt Baguette.

Diese kalte Suppe schmeckt **an heißen Tagen** wunderbar erfrischend. Wer keinen Küchenmixer hat, kauft gemahlene Mandeln und püriert das Ganze mit dem Stabmixer.

»SUNNY SIDE UP« AUF RADIESCHENBROT

Zutaten (für 4 Personen)

4 Scheiben Roggenbrot
12 Radieschen
1 Bund Schnittlauch
2 EL Butter
Öl zum Braten
8 Scheiben Frühstücksspeck
8 Eier
Salz
Pfeffer aus der Mühle
Cayennepfeffer

01 Das Roggenbrot im Toaster oder in einer Pfanne knusprig rösten und auskühlen lassen.

02 Die Radieschen putzen, waschen, quer in Scheiben und längs in feine Streifen schneiden. Den Schnittlauch waschen, trocken schütteln und in feine Röllchen schneiden. Radieschen und Schnittlauch jeweils auf einem flachen Teller verteilen. Die Brotscheiben mit Butter bestreichen und mit der Butterseite jeweils in Schnittlauch und Radieschen drücken.

03 Wenig Öl in einer Pfanne erhitzen und den Frühstücksspeck darin knusprig anbraten. Herausnehmen und jeweils 2 Scheiben auf 1 Radieschen-Schnittlauch-Brot legen.

04 Die Eier in die gleiche Pfanne schlagen, knusprig braten und mit Salz, Pfeffer und Cayennepfeffer würzen. Jeweils 2 Eier mit der Eigelbseite nach oben (»sunny side up«) auf die Brote geben.

Die andere Seite von sunny side up? **Ex over easy**. Dafür die gebratenen Spiegeleier in der Pfanne wenden und die Eigelbseite ebenfalls kurz anbraten

MEDITERRANES BAUERNFRÜHSTÜCK

Zutaten (für 4 Personen)

2 große Kartoffeln

3 Frühlingszwiebeln

1 Chilischote

1 TL Salbeiblätter

2 Knoblauchzehen

Olivenöl zum Braten

6 Eier

1 EL Kapern

10 Sardellenfilets

Salz

Pfeffer aus der Mühle

01 Die Kartoffeln schälen und fein reiben. Die Frühlingszwiebeln putzen, waschen und in feine Ringe schneiden. Die Chilischote putzen, waschen, längs halbieren, entkernen und fein hacken. Den Salbei fein schneiden. Den Knoblauch schälen und in kleine Würfel schneiden.

02 Etwas Öl in einer Pfanne erhitzen und die Kartoffeln bei mittlerer Hitze unter Wenden kurz anbraten. Die Frühlingszwiebeln, Chili, Salbei und Knoblauch dazugeben und 2 bis 3 Minuten mitbraten. Die Kartoffelmischung in eine Schüssel geben, die Eier, Kapern und Sardellen hinzufügen und gut untermischen. Mit Salz und Pfeffer kräftig würzen.

03 Etwas Öl in einer Pfanne erhitzen, ein Achtel der Kartoffelmasse hineingeben, flach drücken und bei mittlerer Hitze goldbraun braten. Wenden und die andere Seite ebenfalls goldbraun braten. Den Pfannkuchen sofort aufrollen, mit einem Holzspießchen fixieren und warm halten. Aus der restlichen Kartoffelmasse auf die gleiche Weise sieben weitere Pfannkuchen backen.

Wem das Backen der kleinen Pfannkuchen zu lange dauert, bereitet einfach **einen großen Pfannkuchen** zu: Kartoffelmasse in eine ofenfeste beschichtete Pfanne drücken und etwa 17 Minuten im vorgeheizten Backofen bei 180 °C backen. Herausnehmen, stürzen und in Tortenstücke schneiden.

ZUCCHINI-KOHLRABI-PFANNE

Zutaten (für 4 Personen)

2 Zucchini
2 große Kohlrabi
1 rote Paprikaschote
100 g Zuckerschoten
1 rote Zwiebel
Öl zum Braten
1 EL Fischsauce
  (aus dem Asienladen)
200 ml Kokosmilch
1/2 Bund Koriander

01 Die Zucchini waschen und längs halbieren. Die Hälften wieder längs halbieren und quer in etwa 2 cm große Stücke schneiden. Die Kohlrabi schälen und in etwa 1,5 cm große Würfel schneiden. Die Paprikaschote halbieren, entkernen, waschen und in 1 1/2 cm große Stücke schneiden. Die Zuckerschoten waschen, abtropfen lassen, putzen und quer halbieren. Die Zwiebel schälen, halbieren und in Streifen schneiden.

02 Etwas Öl in einem Topf erhitzen. Die Kohlrabiwürfel unter Rühren darin bei mittlerer Hitze anbraten. Die Zwiebelwürfel dazugeben und 1 Minute mitdünsten. Die Zucchinistücke dazugeben und goldbraun braten. Die Paprika und Zuckerschoten dazugeben und 1 Minute mitdünsten. Die Fischsauce unter das Gemüse rühren, die Kokosmilch dazugießen und untermischen. Das Gemüse bei schwacher Hitze etwa 2 Minuten köcheln, bis die Kohlrabiwürfel gar sind.

03 Den Koriander waschen, trocken schütteln und mit Stielen grob schneiden. Das Gemüse mit dem Koriander bestreuen und servieren. Dazu passen asiatische Eiernudeln oder Reis.

Wer möchte, gibt noch 1 TL **rote Currypaste** mit Paprika und Zuckerschoten zum Kohlrabigemüse. Ich achte beim Einkauf von Currypaste immer auf die Zutatenlisten und nehme nur Produkte ohne Geschmacksverstärker.

KARTOFFEL-BIRNEN-CURRY MIT ROTWEINBUTTER

Zutaten (für 4 Personen)

3 festkochende Kartoffeln
2 reife Birnen
Saft von 1/2 Zitrone
3 Schalotten
1 Knoblauchzehe
200 ml Rotwein
100 ml roter Portwein
ca. 50 g kalte Butter
2 EL Olivenöl zum Braten
2 TL Currypulver
50 ml Orangensaft
Salz
Pfeffer aus der Mühle
1/2 Bund Koriander
Zucker

01 Die Kartoffeln schälen und in 1 cm große Würfel schneiden. Die Birnen schälen, ebenfalls in 1 cm große Würfel schneiden und mit dem Zitronensaft mischen. Die Schalotten und die Knoblauchzehe schälen und in kleine Würfel schneiden.

02 Für die Rotweinbutter Rotwein mit Portwein und 2 Schalotten in einen breiten Topf oder eine Pfanne geben und bei mittlerer Hitze so lange ein- kochen lassen, bis die Flüssigkeit fast ganz eingekocht ist und die Schalotten beinahe karamellisiert sind. Die Butter stückchenweise unterschlagen, bis eine Bindung entsteht.

03 Das Olivenöl in einer Pfanne erhitzen und die Kartoffelwürfel darin bei mittlerer Hitze farblos andünsten. Das Currypulver darüberstäuben, die restlichen Schalotten und den Knoblauch untermischen. Mit Orangensaft ablöschen, mit Salz und Pfeffer würzen und die Kartoffeln fast fertig garen.

04 Den Koriander waschen, trocken schütteln und die Blätter fein schneiden. Die Birnen zu den Kartoffeln geben. Falls sie sehr reif sind, nur kurz durch- schwenken, sonst ein wenig länger. Mit Salz, Pfeffer und Zucker abschmecken und den Koriander darüberstreuen.

05 Das Kartoffel-Birnen-Curry auf Tellern anrichten und die Rotweinbutter außen herumträufeln.

ARTISCHOCKEN À LA HELENE

Zutaten (für 4 Personen)

4 Eier
4 große Artischocken
Meersalz
60 ml mildes Olivenöl
2 Schalotten
1 Handvoll gemischte Kräuter
   (Kerbel, Schnittlauch, Basilikum,
   Petersilie, Dill und wenig
   Liebstöckel)
60 ml weißer Aceto balsamico
1 TL scharfer Senf
Pfeffer aus der Mühle
Zucker
60 ml Öl

01 Die Eier in kochendem Wasser garen: 2 Eier 5 Minuten, die anderen 2 Eier 8 Minuten. Herausnehmen, kalt abschrecken und abkühlen lassen.

02 Die Artischocken mit heißem Wasser waschen und ausschütteln. Den Stiel durch Drehen ausbrechen. In einen Schnellkochtopf 1 cm hoch Wasser füllen und 1 Prise Salz dazugeben. Die Artischocken in den Einsatz stellen. Das Olivenöl in einem dünnen Strahl zwischen die Artischockenblätter laufen lassen. Die Artischocken im Schnellkochtopf etwa 10 Minuten garen.

03 Die Eier pellen und in kleine Würfel schneiden. Die Schalotten schälen und ebenfalls in kleine Würfel schneiden. Die Kräuter waschen, trocken schütteln und fein schneiden. Den Essig, 60 ml Wasser, Senf, Salz, Pfeffer und 1 Prise Zucker glatt rühren. Eier, Schalotten, Kräuter und zum Schluss das Öl untermischen.

04 Die Artischocken auf Teller verteilen und mit der Sauce servieren. Bei Tisch zupft man die Blätter einzeln ab, taucht sie mit dem unteren Ende in die Sauce und zieht den fleischigen Teil mit den Zähnen ab. Sind alle Blätter abgezupft, erscheint das ungenießbare »Heu«, das man am besten mit einem Löffel entfernt. Die harten Blattansätze an der Unterseite der Artischocke abschneiden und den zarten Boden mit Sauce genießen.

Wer keinen Schnellkochtopf hat, gart die Artischocken **in einem großen Topf** in wenig Salzwasser zugedeckt 35 bis 40 Minuten.

CHINESISCHE EIERNUDELN MIT BANANE UND GARNELEN

Zutaten (für 4 Personen)

300 g chinesische Eiernudeln
Salz
300 g Garnelen (geschält)
1 rote Paprikaschote
2 rote Chilischoten
1 Banane
Öl zum Braten
Pfeffer aus der Mühle
1 EL Currypulver
1/2 TL Koriander aus der Mühle
1 EL Fischsauce
1 EL Honig
1 EL Thai-Basilikumblätter

01 Die Eiernudeln in reichlich kochendem Salzwasser nach Packungsangabe sehr bissfest kochen, in ein Sieb abgießen, mit kaltem Wasser abschrecken und abtropfen lassen.

02 Die Garnelen waschen, trocken tupfen und in Würfel schneiden. Die Paprika und Chilischoten putzen, waschen, halbieren, entkernen und in Würfel schneiden. Die Banane schälen und ebenfalls in Würfel schneiden.

03 In einer Pfanne 1 EL Öl erhitzen und die Garnelen mit Paprika und Chilis darin anbraten. Mit Salz, Pfeffer, Currypulver und Koriander würzen. Fischsauce, Honig und Bananenwürfel dazugeben. Die Nudeln untermischen und mit erhitzen. Die Basilikumblätter waschen, trocken tupfen, in feine Streifen schneiden und über die Nudeln streuen.

Cime di Rapa oder Stängelkohl ist eine würzige Kohlart, die im Mittelmeerraum kultiviert wird. Die Pflanze **ähnelt Brokkoli**, besitzt jedoch zierlichere Blütenknospen. Auch die Blätter und zarten Stiele werden gegessen.

PARMESAN-PAPPARDELLE MIT CIME DI RAPA UND TINTENFISCH

Zutaten (für 4 Personen)

400 g Lasagneplatten
Salz
8 Rosmarinzweige
1 kleine Handvoll Kräuter
    (z. B. Petersilie, Basilikum,
    Schnittlauch)
2 Bio-Zitronen
400 g kleine Tintenfische
    (küchenfertig)
Pfeffer aus der Mühle
3 EL bestes Olivenöl
200 g Cime di Rapa (Stängelkohl)
4 EL Butter
80 g grobes Paniermehl
100 g Parmesan (grob gerieben)
2 Knoblauchzehen
200 g Crème fraîche
Zucker

01 Die Lasagneplatten etwa 3 bis 4 Minuten in Salzwasser kochen und kalt abschrecken. Die Rosmarinzweige und die zarten Kräuter waschen und trocken schütteln, die zarten Kräuter fein schneiden. Den Backofen auf 120 °C vorheizen.

02 Die Zitronen heiß waschen, trocken reiben, die Schale abreiben und den Saft auspressen. Die Tintenfische waschen, trocken tupfen und in etwa 1 cm breite Stücke schneiden. Mit Salz und Pfeffer würzen und mit Zitronensaft beträufeln. Das Olivenöl und 1 EL geschnittene Kräuter untermischen. Den Cime di Rapa putzen, waschen, klein schneiden und dabei die ganz dicken Stiele entfernen. Den Cime di Rapa mit den Tintenfischen mischen.

03 Die Butter in einer Pfanne erhitzen, 4 Rosmarinzweige hineingeben und das Paniermehl darin goldgelb schwenken. Die Lasagneplatten auslegen, Bröselbutter darauf verteilen, mit fein geschnittenen Kräutern und Parmesan bestreuen. Wieder Lasagneplatten, Bröselbutter, Kräuter und Parmesan daraufgeben. Auf diese Art und Weise 3 bis 4 Schichten übereinanderstapeln (von Kräutern und Parmesan je 1 EL zurückbehalten), aufrollen und in 3 cm breite Scheiben schneiden. Die Enden nach Belieben mit den Rosmarinzweigen fixieren und die Röllchen auf einem Blech im Ofen bei 120 °C erwärmen.

04 Die Knoblauchzehen mit einer Messerklinge andrücken. Eine Pfanne stark erhitzen und die Tintenfische und Cime di Rape mit den übrigen Rosmarinzweigen und dem Knoblauch maximal 1 Minute anschwitzen, bis die Tintenfische steif werden. Den Knoblauch entfernen. Die Tintenfische mit Cime die Rapa in ein Sieb geben und leicht über der Pfanne ausdrücken. Die Crème fraîche in den Sud einrühren, mit Salz, Pfeffer und Zucker abschmecken. Tintenfische und Cime di Rapa wieder untermischen.

05 Das Tintenfischragout auf Teller verteilen und die Pappardelle-Röllchen darauf anrichten. Den restlichen Parmesan und etwas geriebene Zitronenschale darüberstreuen.

GLASNUDELSALAT
MIT AHORN-ORANGEN-DRESSING

Zutaten (für 4 Personen)

1 rote Paprikaschote
100 g Zuckerschoten
5 Frühlingszwiebeln
1 große Möhre
1 Handvoll Sojasprossen
150–200 g Glasnudeln
1 EL Öl

Für das Dressing

1 Orange
1/2 Limette
1 Stück Ingwer (2 cm)
1/2 EL Ahornsirup oder Honig
3 EL Sesamöl
2 EL Erdnussöl
1 EL Reisweinessig
1 EL Sojasauce
Meersalz
Pfeffer aus der Mühle
1/2 Bund Koriander oder Petersilie

01 Die Paprikaschote halbieren, entkernen, waschen und die Hälften in feine Streifen schneiden. Die Zuckerschoten und Frühlingszwiebeln putzen und waschen. Die Möhre schälen. Die Sojasprossen waschen und trocken schütteln. Zuckerschoten und Möhren in feine Streifen, die Frühlingszwiebeln in Ringe schneiden.

02 Die Glasnudeln kürzer schneiden oder brechen. In eine Schüssel geben, mit kochendem Wasser übergießen und 3 bis 4 Minuten quellen lassen. Zwischendurch mit einer Gabel gut durchmischen. Die Glasnudeln herausnehmen, gut abtropfen lassen und mit dem Öl vermischen.

03 Für das Dressing Orange und Limette auspressen. Den Ingwer schälen und fein reiben. Orangensaft, Limettensaft, Ingwer, Ahornsirup, Sesam- und Erdnussöl, Essig, Sojasauce, Salz und Pfeffer verrühren. Den Koriander waschen, trocken schütteln und Blätter samt Stängeln fein schneiden.

04 Die Glasnudeln mit Gemüse, Dressing und Koriander vermischen und auf Tellern anrichten.

In den Korianderstängeln steckt viel Aroma. Und da sie zart sind, schneide ich sie häufig mitsamt den Blättern klein.

ROTER REISSALAT MIT PAPRIKA UND GARNELEN

Zutaten (für 4 Personen)

200 g roter Reis (Asienladen)
Salz
10 Riesengarnelenschwänze
2 rote Paprikaschoten
1 rote Zwiebel
Olivenöl zum Braten
Pfeffer
Koriander aus der Mühle
1/4 l Tomatensaft
1/2 Bund Basilikum
1 TL rote Currypaste
4 EL Erdnüsse
ein paar Zuckerschoten
    (für die Deko)

01 Den Reis nach Packungsanweisung in Salzwasser gar kochen und in ein Sieb abgießen.

02 Die Garnelen schälen, am Rücken leicht einschneiden und mit einem spitzen Messer den dunklen Darm entfernen. Die Garnelen waschen, trocken tupfen und in kleine Stücke schneiden. Die Paprika halbieren, entkernen und waschen, die Hälften in kleine Würfel schneiden. Die Zwiebel schälen und in Würfel schneiden.

03 Etwas Öl in einer Pfanne erhitzen und die Garnelen mit Zwiebeln und Paprika bei starker Hitze goldbraun anbraten. Mit Salz, Pfeffer und Koriander würzen und mit dem Tomatensaft ablöschen. 1 Minute kochen lassen.

04 Das Basilikum waschen, trocken schütteln und die Blätter abzupfen. Den Reis mit der Garnelensauce, der roten Currypaste, Basilikum und Erdnüssen mischen. Die Zuckerschoten waschen, in sehr feine Streifen schneiden und über den Reissalat streuen.

Erbsensprossen sind ein schöner Kontrast zum roten Reis und schmecken sehr fein. Wenn ich im Asienladen welche bekomme, streue ich sie anstelle von Zuckerschoten über den Salat.

LEBERWURST-RISOTTO

Zutaten (für 4 Personen)
1 Schalotte ~ 1 Knoblauchzehe
3 EL Olivenöl
200 g Risottoreis (Carnaroli oder Vialone)
Salz ~ Pfeffer aus der Mühle
100 ml Weißwein ~ ca. 1 l heiße Geflügelbrühe
150 g Kalbsleberwurst
1 EL Majoranblätter
2 EL Petersilienblätter
80 g Parmesan (frisch gerieben)

01 Die Schalotte schälen und in kleine Würfel schneiden. Den Knoblauch mit einer Messerklinge andrücken.
02 Das Olivenöl in einem Topf erhitzen und die Schalotte und den Knoblauch bei mittlerer Hitze andünsten. Den Reis hinzufügen, mit Salz und Pfeffer würzen und unter Rühren glasig braten. Mit Weißwein ablöschen, einkochen lassen. So viel Brühe angießen, dass der Reis bedeckt ist. Den Risotto unter Rühren bei mittlerer Hitze in etwa 18 Minuten bissfest garen, dabei immer wieder Brühe dazugießen.
03 Die Leberwurst in Würfel schneiden. Majoran- und Petersilienblätter waschen, trocken tupfen und fein schneiden. Leberwurst, Kräuter und Parmesan unter den Risotto rühren. Den Knoblauch entfernen, den Risotto mit Salz und Pfeffer würzen und sofort servieren. Dazu passt ein Blattsalat.

SPINAT-RISOTTO MIT TOMATEN

Zutaten (für 4 Personen)
4 Schalotten ~ 1–2 Thymianzweige
4 Knoblauchzehen ~ 100 g getrocknete Tomaten
1 1/2 l Geflügelbrühe ~ 3 EL Olivenöl
400 g Risottoreis (Carnaroli, Arborio oder Vialone Nano)
Salz ~ 60 ml Weißwein ~ 100 g Blattspinat
200 g Butter ~ 200 g Parmesan (grob gerieben)

01 Die Schalotten schälen und in kleine Würfel schneiden. Den Thymian waschen und trocken schütteln. Die Knoblauchzehen mit einer Messerklinge andrücken. Die Tomaten grob zerschneiden und in der Brühe aufkochen.
02 Das Olivenöl in einem Topf erhitzen und den Reis mit Schalotten, Thymian, Knoblauch und 1 Prise Salz andünsten, bis die Ränder der Schalotten hellbraun sind. Den Wein angießen und vollständig einkochen lassen. Die Tomaten aus der Brühe nehmen. So viel heiße Brühe zum Reis geben, bis er bedeckt ist. Die Flüssigkeit unter Rühren einkochen lassen. Wieder Brühe angießen und den Vorgang so oft wiederholen, bis der Reis fast gar ist.
03 Den Spinat waschen, putzen, grob schneiden. Nach etwa 25 Minuten die Tomaten und 3 Minuten später den Spinat unter den Reis mischen. Die Butter in Stückchen unterrühren. Den Risotto vom Herd nehmen und den Parmesan untermischen. Nach Belieben 4 EL geschlagene Sahne unterheben und sofort servieren.

GRAUPEN-RISOTTO MIT BLAUSCHIMMEL

Zutaten (für 4 Personen)

2 Schalotten ~ 1 Knoblauchzehe ~ 50 g Butter

250 g mittlere Perlgraupen ~ 100 ml Weißwein

1 l heiße Geflügelbrühe ~ 2 Fenchelknollen

Salz ~ Zucker

4 Cocktailtomaten ~ 2 EL Olivenöl

1 Schuss Anislikör (z. B. Pernod)

70 g Blauschimmelkäse

40 g Parmesan (frisch gerieben)

Pfeffer aus der Mühle ~ frisch geriebene Muskatnuss

01 Die Schalotten und Knoblauch schälen und in kleine Würfel schneiden. In einem Topf 30 g Butter zerlassen und die Schalotten mit Knoblauch bei mittlerer Hitze farblos andünsten. Die Graupen hinzufügen und kurz mitdünsten. Den Weißwein dazugießen und vollständig einkochen lassen. So viel Brühe angießen, dass die Graupen gerade bedeckt sind. Die Graupen unter häufigem Rühren weich garen, dabei immer wieder Brühe nachgießen.

02 In der Zwischenzeit den Fenchel putzen, waschen, den Strunk entfernen und die Knollen in grobe Stücke schneiden. Die Fenchelstücke mit Salz und 1 Prise Zucker marinieren. Die Tomaten waschen und vierteln.

03 Das Olivenöl erhitzen und den Fenchel weich braten. Mit Anislikör ablöschen, Tomaten dazugeben und erhitzen.

04 Den Käse in Würfel schneiden und mit dem Parmesan und der übrigen Butter unter den Risotto mischen. Mit Salz, Pfeffer und Muskat würzen. Den Risotto auf Teller verteilen und das Fenchelgemüse darauf anrichten.

RISOTTO MIT FEIGEN UND BRUNNENKRESSE

Zutaten (für 4 Personen)

1 Bund Brunnenkresse

1 Zwiebel ~ 125 g Butter

Meersalz ~ 125 ml Weißwein

450 g Risottoreis (Arborio, Carnaroli oder Vialone Nano)

75 ml Campari ~ 1 l heiße Gemüsebrühe

4 frische Feigen ~ einige Minzeblätter

je 1 Spritzer Zitronen- und Grapefruitsaft

Pfeffer aus der Mühle ~ 50 g kalte Butter

75 g Parmesan (frisch gerieben)

01 Die Brunnenkresse waschen, trocken schütteln, dicke Stiele entfernen. Die Zwiebel schälen und in kleine Würfel schneiden. 1 EL Butter erhitzen und die Zwiebeln andünsten, salzen und mit Wein ablöschen. Einkochen lassen, Reis und Campari hinzufügen und kurz andünsten.

02 1 Schöpfkelle heiße Gemüsebrühe zugeben und unter ständigem Rühren einköcheln lassen. Weitere Brühe hinzufügen, wieder unter Rühren einkochen lassen und so fortfahren, bis der Reis bissfest gegart ist.

03 Die Feigen waschen und vierteln. Die Minze waschen und trocken tupfen. In einer Pfanne die restliche Butter erhitzen, bis sie goldbraun wird. Feigen, Säfte und Minze dazugeben und durchschwenken. Mit Pfeffer würzen.

04 Den Risotto vom Herd nehmen, die Butter in Stücken und Parmesan einrühren. Mit Salz und Pfeffer würzen.

05 Den Risotto in tiefe Teller verteilen, Feigen mit Minze außen herum anrichten. In der heißen Pfanne die Brunnenkresse kurz schwenken und auf den Risotto geben.

SPAGHETTI MIT SARDELLEN UND TOMATEN

Zutaten (für 4 Personen)

500 g Spaghetti ~ Salz
12 Cocktailtomaten
2 Schalotten
2 Knoblauchzehen
bestes Olivenöl zum Dünsten
1 Schuss trockener Weißwein
Pfeffer aus der Mühle
Zucker
1/2 Bund Basilikum
8 Sardellenfilets
80 g Parmesan

01 Die Spaghetti nach Packungsangabe in reichlich Salzwasser bissfest kochen.

02 Die Cocktailtomaten waschen und vierteln. Die Schalotten schälen und in kleine Würfel schneiden. Die Knoblauchzehen schälen und mit einer Messerklinge andrücken. In einer Pfanne etwas Olivenöl erhitzen und die Tomaten mit Schalotten und Knoblauch darin bei mittlerer Hitze kurz andünsten. Den Weißwein dazugeben und etwas mitköcheln lassen. Mit wenig Salz, Pfeffer und Zucker würzen.

03 Das Basilikum waschen, trocken schütteln, die Blätter grob zerzupfen und mit den Sardellenfilets unter die Tomaten mischen.

04 Die Spaghetti in ein Sieb abgießen, zu den Tomaten geben und kurz durchschwenken. Die Spaghetti in Pastatellern anrichten und den Parmesan darüberhobeln.

PRESSSACKLUTSCHER MIT TOMATEN-BASILIKUM-MARMELADENBROTEN

Zutaten (für 4 Personen)

Für die Tomaten-Basilikum-Brote

4 Strauchtomaten

2 Thai-Chilischoten

Salz ~ 60 g Zucker

40 ml bestes Olivenöl

1 kleines Bund Basilikum

8 Scheiben Baguette

Butter zum Bestreichen

Für die Presssacklutscher

100 g Schweinespeckschwarte

Salz

80 ml Weißweinessig

2 Lorbeerblätter ~ 1 Nelke

6 Wacholderbeeren

8 Seeteufelmedaillons (à 40 g)

50 g Schalotten

50 g Blutwurst ~ 50 g Essiggurken

ein paar Schnittlauchhalme

100 g Schmant

Pfeffer aus der Mühle

Zucker

01 Für die Tomaten-Basilikum-Marmelade die Tomaten ohne Stielansätze in kleine Stücke schneiden. Die Chilis putzen, waschen, längs halbieren, entkernen und in feine Streifen schneiden. Die Tomatenwürfel mit Chilis, Salz und Zucker in einen Topf geben und bei mittlerer Hitze in ein paar Minuten sirupartig einkochen lassen. Zum Schluss das Olivenöl unterrühren. Abkühlen lassen, dann im Kühlschrank kalt stellen.

02 Für die Presssacklutscher von der Schweineschwarte das Fett sehr sauber entfernen. Die Schwarte in einem Topf mit Wasser bedecken, salzen und zugedeckt in 15 bis 20 Minuten weich kochen.

03 Den Essig mit 80 ml Wasser, Lorbeerblatt, Nelke und Wacholderbeeren in einen Topf geben und den Sud aufkochen lassen. Die Gewürze entfernen. Die Seeteufelmedaillons mit Salz würzen und im siedenden (nicht kochenden!) Essigsud 3 bis 5 Minuten glasig pochieren. Mit dem Schaumlöffel herausheben und etwa 20 Minuten im Tiefkühlfach anfrieren lassen, bis sie eiskalt sind.

04 Die Schalotten schälen und in kleine Würfel schneiden. Die Blutwurst und die Essiggurken ebenfalls in kleine Würfel schneiden. Den Schnittlauch waschen, trocken schütteln und in feine Röllchen schneiden. Den Essigsud durch ein Sieb abgießen. Die weich gekochte Schwarte grob schneiden, in den Essigsud geben und mit dem Stabmixer fein pürieren. Den Schmant untermixen und mit Salz, Pfeffer und Zucker abschmecken. Die Seeteufel-Medaillons jeweils auf Holzspieße stecken, in die Schmantflüssigkeit tauchen und mit den Blutwurst-, Schalotten- und Gurkenwürfeln sowie den Schnittlauchröllchen bestreuen bzw. aus diesen Bestandteilen Muster auf die Medaillons legen.

05 Für die Tomaten-Basilikum-Brote das Basilikum waschen, trocken schütteln, die Blätter grob schneiden und unter die Tomatenmarmelade rühren. Die Baguettescheiben mit Butter bestreichen und die Tomaten-Basilikum-Marmelade darauf verteilen.

06 Die Presssacklutscher in ein passendes Gefäß stellen und die Marmeladenbrote auf einer Platte anrichten.

KNUSPERFISCHFILETS MIT GEBRATENER ANANAS, RUCOLA UND KNOBLAUCHDIP

Zutaten (für 4 Personen)

Für den Knusperfisch

1 EL Koriandersamen

1/2 TL Chilipulver

1 Msp. Kurkumapulver

3 EL Reis ~ 1 TL Meersalz

4 Fischfilets (à 150–180 g; z. B.
   Steinbeißer, Heilbutt, Zander)

Öl zum Braten

Für den Dip

70 ml Olivenöl ~ 1 Knoblauchzehe

150 g Crème fraîche

60 g Pinienkerne

1 Msp. Chilipulver ~ Meersalz

1 EL Zitronensaft

Für die Ananas

1/2 Ananas

150 g Rucola

1 TL Zitronensaft

Sichuanpfeffer aus der Mühle

01 In einer beschichteten Pfanne Koriander, Chilipulver, Kurkuma, Reis und Meersalz bei mittlerer Hitze etwa 1 Minute rösten. Die Gewürze und den Reis im Mörser oder mit dem Stabmixer zu feinem Pulver zerstoßen.

02 Für den Dip das Öl in einem kleinen Topf erhitzen. Den Knoblauch schälen, grob hacken, in das Öl geben und in etwa 30 Sekunden goldgelb braten. Den Knoblauch entfernen, das Öl beiseitestellen und etwas abkühlen lassen.

03 Crème fraîche, Pinienkerne, Chilipulver, Meersalz und Zitronensaft in das heiße Öl geben und mit dem Stabmixer pürieren.

04 Die Ananas schälen, vierteln, den harten Strunk entfernen und das Fruchtfleisch in grobe Stücke schneiden. Den Rucola waschen und trocken schleudern. Eine beschichtete Pfanne erhitzen und die Ananasstücke darin ohne Fett anbraten. Den Rucola hinzufügen und kurz mitdünsten. Mit Zitronensaft und Pfeffer würzen.

05 Für die Fischfilets die zerstoßenen Gewürze auf einen flachen Teller geben. Die Fischfilets waschen, trocken tupfen und von beiden Seiten in die Gewürze drücken. Etwas Öl in einer großen beschichteten Pfanne erhitzen und die Fischfilets darin bei mittlerer Hitze von beiden Seiten je 1 bis 2 Minuten goldbraun braten.

06 Die Knusperfilets mit Ananas und Rucola anrichten und den Dip dazu servieren. Dazu passen Linsen.

SEELACHS AUS DER FOLIE

Zutaten (für 4 Personen)

600 g Seelachsfilet
(oder anderes Fischfilet)
Saft von 1 Zitrone
1 EL Worcestersauce
2 Schalotten
1 rote Paprikaschote
1 gelbe Paprikaschote
Öl zum Braten
Salz
Zucker
Pfeffer aus der Mühle
200 g junger Blattspinat
(tiefgekühlt und aufgetaut)
frisch geriebene Muskatnuss
3 EL Kräuterbutter

01 Das Fischfilet trocken tupfen, von allen Gräten befreien und in 4 Stücke schneiden. Zitronensaft und Worcestersauce mischen und die Fischfilets damit marinieren.

02 Die Schalotten schälen und in kleine Würfel schneiden. Die Paprika halbieren, entkernen, waschen und in größere Würfel schneiden. Etwas Öl in einem Topf erhitzen und die Schalotten darin andünsten. Die Paprikawürfel dazugeben, kurz mitdünsten und kräftig mit Salz, Zucker und Pfeffer würzen. Den Spinat ausdrücken und dazugeben, mit erhitzen und alles mit Salz, Pfeffer und Muskatnuss abschmecken.

03 Den Backofen auf 190 °C vorheizen. 4 Bögen Alufolie in der Mitte mit etwas Kräuterbutter einfetten. Zwei Drittel der Spinatmischung daraufsetzen und jeweils 1 Fischfilet darauflegen. Die restliche Kräuterbutter daraufgeben und die restliche Spinatmischung darauf verteilen. Die Alufolie über den Filets zu kleinen Päckchen falten.

04 Die Fischpäckchen im Backofen 10 bis 15 Minuten garen – der Fisch ist gar, wenn sich die Päckchen aufblähen.

05 Die verschlossenen Päckchen auf Teller legen und servieren. Dazu passen Stampf- oder Pellkartoffeln.

In den **Alupäckchen** bleiben die Aromen von Fisch und Gemüse voll erhalten – ein sensationelles Erlebnis, wenn sie bei Tisch geöffnet werden.
Kräuterbutter ist ruck, zuck! selbst gemacht: einfach weiche Butter mit fein geschnittenen Kräutern verrühren.

Kochen und Brutzeln

Töpfe gibt es wie Sand am Meer. Ob aus Edelstahl oder beschichtet ist zweitrangig. Wichtig ist ein dicker Boden, da dieser die Hitze gut speichert und gleichmäßig an den Topfinhalt abgibt.

Zum Braten eignen sich am besten beschichtete **Pfannen**. Darin gelingen sowohl kurzgebratene Fleischstücke und Gemüse als auch empfindliche Gerichte wie Fisch oder Omeletts. Voraussetzung für gleichmäßiges Braten ist auch hier ein dicker Boden.

KÜCHENORGANISATION
TÖPFE & PFANNEN

ROTBARBE AUF GRÜNEM SPARGEL UND TALEGGIO

Zutaten (für 4 Personen)

500 g grüner Spargel
Salz
Pfeffer aus der Mühle
Zucker
8 Cocktailtomaten
1/2 Bund Thymian
1/2 Bund Rosmarin
1/2 Bund Basilikum
1 Bio-Zitrone
1 Schalotte
1 Knoblauchknolle
bestes Olivenöl zum Braten
50 g Pinienkerne
2 EL alter Aceto balsamico
2 EL Weißwein
70 g Taleggio-Käse
2 Rotbarben (à 300–400 g;
    küchenfertig filetiert)
Mehl zum Bestäuben
40 g Butter

01 Den Spargel waschen, das untere Drittel schälen und die Enden abschneiden. Die Stangen halbieren und in einer Schüssel mit Salz, Pfeffer und Zucker marinieren.

02 Die Cocktailtomaten waschen und vierteln. Die Kräuter waschen und trocken schütteln. Die Zitrone heiß waschen und trocken reiben. Die Schalotte schälen und in feine Würfel schneiden. 3 Knoblauchzehen von der Knolle ablösen und mit einer Messerklinge andrücken. Den Backofen auf 220 °C vorheizen.

03 In einer Pfanne etwas Olivenöl erhitzen und die Pinienkerne mit dem Spargel darin rundherum goldbraun anbraten. Schalotte, Tomaten, die Hälfte der Thymian- und Rosmarinzweige und die Knoblauchzehen dazugeben und etwas Zitronenschale darüberreiben. Alles kurz erhitzen, dann mit Essig und Weißwein ablöschen. Das Spargelgemüse samt Sud sofort in eine ofenfeste Form füllen, dabei die Kräuterzweige und Knoblauchzehen entfernen.

04 Den Taleggio in hauchdünne Scheiben schneiden. Die Basilikumblätter abzupfen, fein schneiden und über das Spargelgemüse streuen. Mit den Taleggioscheiben bedecken. Das Gemüse im Ofen 2 bis 3 Minuten gratinieren, bis der Käse schmilzt.

05 Die Rotbarbenfilets auf der Hautseite leicht einritzen. Beide Seiten mit Salz und Pfeffer würzen, die Hautseite leicht mit Mehl bestäuben. Die Knoblauchknolle quer halbieren. In einer Pfanne etwas Olivenöl erhitzen, die Butter dazugeben und die Filets auf der Hautseite mit den restlichen Kräuterzweigen und der Knoblauchknolle bei mittlerer Hitze 3 bis 4 Minuten knusprig braten.

06 Das Spargelgemüse auf Teller verteilen und die Rotbarbenfilets mit der Hautseite nach oben darauf anrichten.

CRISPY TUNA-LOLLIS, GAMBAS UND JAKOBSMUSCHELN AUF SELLERIESALAT

Zutaten (für 4 Personen)

Für den Selleriesalat

4 reife Tomaten ~ 1 Chilischote
1 EL Gin ~ Salz
Pfeffer aus der Mühle ~ Zucker
4 EL weißer Aceto balsamico
Mark von 1 Vanilleschote
2 EL bestes Olivenöl
1 EL gemischte zarte Kräuter
  (fein geschnitten)
200 g Staudensellerie

Für die Tuna-Lollis

1 Stück Ingwer (2 cm)
Saft und Schale von je 1/2 Bio-
  Zitrone und Bio-Orange
1 EL Honig ~ 1 EL Austernsauce
1 EL Sojasauce ~ 1 TL Sesamöl
160 g Thunfisch (Sushi-Qualität)
100 g Cornflakes

Für die Gambas und Muscheln

4 Gambaschwänze
  (Riesengarnelen; ungeschält)
Salz ~ Pfeffer aus der Mühle
je 2 Rosmarin- und Thymianzweige
3 Knoblauchzehen ~ Öl zum Braten
1 TL Wasabipulver
4 Jakobsmuscheln ~ 1 EL Butter

01 Für den Selleriesalat die Tomaten waschen. 1 Tomate vierteln, den Stielansatz und die Kerne entfernen und das Fruchtfleisch in kleine Würfel schneiden. Chili putzen, waschen, längs halbieren, entkernen und in kleine Würfel schneiden. Die restlichen Tomaten grob zerteilen und dabei den Stielansatz entfernen.

02 Die Tomatenstücke mit Gin, Chili, Salz, Pfeffer und 1 Prise Zucker mit dem Stabmixer fein pürieren. Die Masse durch ein mit einem Tuch ausgelegtes Sieb passieren. Die Tomatenwürfelchen in den klaren Fond geben, mit weißem Balsamico, Vanillemark, Olivenöl und Kräutern abschmecken. Den Staudensellerie putzen, waschen und in hauchdünne Scheiben schneiden.

03 Für die Tuna-Lollis den Ingwer schälen und fein reiben. Mit Zitrussäften, -schalen, Honig, Austernsauce, Sojasauce und Sesamöl verrühren. Den Thunfisch in 5 mm dicke Streifen schneiden und etwa 10 Minuten in der Marinade ziehen lassen. Die Cornflakes zerdrücken. Den Thunfisch aus der Marinade nehmen, in den Cornflakes wenden und wellenförmig auf die Holzspieße stecken.

04 Die Gambas samt Schale längs halbieren und den Darm entfernen. Mit Salz und Pfeffer würzen. Rosmarin und Thymian waschen und trocken schütteln. Die Knoblauchzehen mit einer Messerklinge andrücken. Etwas Öl in einer Pfanne erhitzen und die Gambas auf beiden Seiten mit Rosmarin, Thymian und Knoblauch je 2 Minuten braten. Das Wasabipulver mit wenig Wasser glatt rühren.

05 Die Jakobsmuscheln trocken tupfen und mit Salz und Pfeffer würzen. Die Butter in einer Pfanne erhitzen und die Muscheln darin von beiden Seiten je 2 Minuten goldgelb braten.

06 Den Selleriesalat mit der Vinaigrette marinieren, auf Teller verteilen und die Crispy Tuna-Lollis, die Gambas, Jakobsmuscheln und ein bisschen Wasabi daneben anrichten.

HÄHNCHENBRUST »TONNATO«

Zutaten (für 4 Personen)

2 Hähnchenbrustfilets
    (à 200 g; ohne Haut)
Salz
Pfeffer aus der Mühle
Olivenöl zum Braten
2 Handvoll gemischter Salat
200 g Thunfischfilet
    (Sushi-Qualität)
12 Kapernäpfel

Für die Sauce

1 Knoblauchzehe
2 Eigelb
1 EL Kapern
1 Msp. Senf
1 EL Zitronensaft
15 rosa Pfefferbeeren
100 g Thunfisch (aus der Dose;
    im eigenen Saft)
3 EL Geflügelbrühe
50 ml Olivenöl
100 ml Sonnenblumenöl

01 Die Hähnchenbrüste mit Küchenpapier trocken tupfen und mit Salz und Pfeffer würzen. Etwas Olivenöl in einer Pfanne erhitzen und die Hähnchenbrüste darin bei mittlerer Hitze von beiden Seiten je etwa 3 bis 4 Minuten saftig braten. Herausnehmen und abkühlen lassen, die Pfanne beiseitestellen.

02 Für die Sauce den Knoblauch schälen. Knoblauch, Eigelbe, Kapern, Senf, Zitronensaft und Pfefferbeeren mit dem Stabmixer oder im Küchenmixer fein pürieren. Den Thunfisch und die Geflügelbrühe dazugeben und mitpürieren. Dann das Öl nach und nach untermixen, sodass eine geschmeidige Sauce entsteht. Zum Schluss den Bratensaft vom Hähnchenbraten dazugeben.

03 Den Salat waschen und trocken schleudern. Das Thunfischfilet so zurechtschneiden, dass es eine ähnliche Form wie die Hähnchenbrüste hat. Thunfisch und Hähnchenbrüste jeweils in 3 mm dicke Scheiben schneiden und abwechselnd überlappend auf Tellern auslegen. Mit Salz und Pfeffer würzen. Die Thunfischsauce über die Scheiben träufeln. Die Salatblätter mit den Kapernäpfeln daneben anrichten.

PISTAZIEN-MAISPOULARDEN MIT VANILLE-SIRUP, RATATOUILLE UND JUNGEN KARTOFFELN

Zutaten (für 4 Personen)

Für die Kartoffeln
8 junge Kartoffeln (z. B. La Ratte
    oder Bamberger Hörnchen)
Salz ~ 1 Lorbeerblatt

Für den Vanillesirup
1 Vanilleschote
100 ml Limettensaft
2 EL Zucker ~ 3 EL Olivenöl

Für die Ratatouille
1 rote Paprikaschote
1 Aubergine ~ 2 Zucchini
1 rote Zwiebel
Olivenöl zum Braten
Salz ~ Pfeffer aus der Mühle
Zucker
1/2 Bund Basilikum

Für die Maispoularden
2 EL Pistazien ~ 1/2 Bio-Zitrone
Salz ~ Pfeffer aus der Mühle
4 Maispoulardenbrustfilets
    (mit Haut; ersatzweise Hähn-
    chenbrustfilets)
Öl zum Braten

01 Die Kartoffeln gründlich waschen und mit kaltem Wasser in einen Topf geben. Mit 1 Prise Salz und dem Lorbeerblatt weich kochen. Anschließend abgießen und warm halten.

02 Für den Vanillesirup die Vanilleschote längs halbieren und das Vanillemark herauskratzen. Den Limettensaft mit Zucker, Vanillemark und Vanilleschote sirupartig einkochen lassen. Dann die Vanilleschote entfernen und den Sirup mit dem Olivenöl verrühren.

03 Für die Ratatouille die Paprikaschote halbieren, entkernen und waschen, die Hälften in 1 bis 2 cm große Würfel schneiden. Aubergine und Zucchini putzen, waschen und ebenfalls in 1 bis 2 cm große Würfel schneiden. Die Zwiebel schälen, halbieren und in dünne Streifen schneiden.

04 Für die Poularden die Pistazien fein hacken. Die Zitrone heiß waschen, trocken reiben und die Schale abreiben. Die Pistazien mit Zitronenschale, 1 Prise Salz und Pfeffer vermischen. Die Haut der Maispoularde anheben und die Pistazienmischung darunterschieben. Am besten von außen mit den Fingern möglichst gleichmäßig unter der Haut verteilen.

05 In einer großen beschichteten Pfanne etwas Öl erhitzen und die Maispoulardenbrüste bei mittlerer Hitze von jeder Seite 5 bis 6 Minuten braten.

06 In der Zwischenzeit in einem Topf etwas Olivenöl erhitzen, Auberginenwürfel darin goldbraun anbraten. Dann die rote Zwiebel dazugeben und 1 Minute mit anschwitzen. Die Zucchini- und Paprikawürfel dazugeben und unter Rühren mitbraten. Ratatouille mit Salz, Pfeffer und 1 Prise Zucker würzen. Das Basilikum waschen, trocken schütteln und die Blätter grob zerzupfen. Die Basilkumblätter untermischen.

07 Den Vanillesirup erwärmen. Die Ratatouille auf Teller verteilen, die Maispoulardenbrüste halbieren oder in Scheiben schneiden und auf das Ratatouille setzen. Die Kartoffeln halbieren und daneben anrichten. Den Vanillesirup über die Maispoulardenbrüste träufeln.

KNUSPRIGES ACETO-HÜHNCHEN
AUF GLASIERTEN ZUCKERSCHOTEN

Zutaten (für 4 Personen)

4 Poulardenkeulen
  (entbeint)
Salz
Pfeffer aus der Mühle
Zucker
Öl zum Braten
400 g Zuckerschoten
2 Knoblauchzehen
1 EL Butter
1 kleines Bund Schnittlauch
1–2 Rosmarinzweige
4 EL Aceto balsamico

01 Den Backofen auf 180 °C vorheizen. Die Keulen fünfteln, mit Salz, Pfeffer und Zucker würzen. In einer ofenfesten Pfanne etwas Öl erhitzen und die Poulardenstücke darin auf der Hautseite knusprig anbraten. Die Keulen in der Pfanne in den Ofen stellen und etwa 8 Minuten garen.

02 In der Zwischenzeit die Zuckerschoten waschen und putzen. 1 Knoblauchzehe mit einer Messerklinge andrücken. Die Hälfte der Butter in einem Topf erhitzen. Die Zuckerschoten mit dem Knoblauch bei mittlerer Hitze 2 Minuten glasieren, dabei mit Salz und 1 Prise Zucker würzen. Den Schnittlauch waschen, trocken schütteln und in Röllchen schneiden.

03 Den Rosmarin, waschen und trocken schütteln. Die restliche Knoblauchzehe mit einer Messerklinge andrücken. Die Pfanne aus dem Ofen nehmen, wieder auf dem Herd erhitzen und die Poulardenstücke wenden. Die restliche Butter, den Rosmarin und Knoblauch dazugeben und die Stücke unter Wenden kurz nachbraten.

04 Die Poulardenstücke aus der Pfanne nehmen und in den ausgeschalteten und geöffneten Backofen legen. Das meiste Fett aus der Pfanne abgießen. Den Bratensatz mit Aceto balsamico ablöschen und die Flüssigkeit sirupartig einkochen lassen.

05 Die knusprigen Poulardenstücke in der Aceto-Reduktion schwenken und mit Schnittlauch bestreuen. Die Zuckerschoten auf Teller verteilen und die Poulardenstücke darauf anrichten.

CAESAR SALAD MIT KLEINEN PUTENSTEAKS, CHORIZO UND FENCHEL

Zutaten (für 4 Personen)

Für das Dressing

1/2 Knoblauchzehe

2 Eigelb

1 Msp. Senf

1 EL Zitronensaft

1 EL Kapern

50 ml Geflügelbrühe

80 g Parmesan (frisch gerieben)

50 ml bestes Olivenöl

Salz ~ Pfeffer aus der Mühle

Für den Salat

100 g Weißbrot vom Vortag

100 ml Sonnenblumenöl

1 Römersalat

2 kleine Fenchelknollen

200 g Chorizo
 (span. Paprikasalami; am Stück)

4 Thymianzweige

2 Rosmarinzweige

3 Knoblauchzehen

Olivenöl zum Braten

400 g Puten-Minutensteaks

Salz ~ Pfeffer aus der Mühle

01 Für das Dressing die Knoblauchzehe schälen und mit den Eigelben, Senf, Zitronensaft, Kapern und Geflügelbrühe im Küchenmixer oder mit dem Stabmixer fein pürieren. Nach und nach den Parmesan und das Olivenöl dazumixen, sodass ein cremiges Dressing entsteht. Mit Salz und Pfeffer abschmecken.

02 Vom Weißbrot die Rinde entfernen, den Rest in 1 cm große Würfel schneiden. Das Sonnenblumenöl in einer Pfanne erhitzen und die Brotwürfel darin unter gelegentlichem Wenden zu knusprigen Croûtons braten.

03 Den Römersalat putzen, den Strunk entfernen und die Blätter waschen und trocken schleudern. Die Blätter quer in breite Streifen schneiden. Die Fenchelknollen putzen, waschen und in 2 cm große grobe Stücke schneiden. Die Chorizo von der Pelle befreien, in 4 cm dicke Scheiben und diese ebenfalls in grobe Stücke schneiden. Thymian und Rosmarin waschen und trocken schütteln. Den Knoblauch mit einer Messerklinge andrücken.

04 Etwas Olivenöl in einer Pfanne erhitzen und Fenchel mit Chorizo sowie Kräuterzweigen und Knoblauchzehen darin dünsten, bis der Fenchel weich ist. Kräuterzweige und Knoblauch entfernen.

05 Die Putensteaks trocken tupfen und mit Salz und Pfeffer würzen. Etwas Olivenöl in einer Pfanne erhitzen und die Steaks darin bei mittlerer Hitze auf jeder Seite kurz braten.

06 Den Salat mit dem Dressing in einer Schüssel vermischen. Salat auf Teller verteilen, Chorizo- und Fenchelstücke darübergeben und die Putensteaks daraufsetzen. Mit den Croûtons bestreuen.

FRIKADELLEN VON HUHN UND GARNELEN

Zutaten (für 4 Personen)

2 Hähnchenbrüste (à ca. 160 g; ohne Haut)

200 g Garnelenschwänze (roh)

1 Stück Ingwer (2 cm)

1 EL Estragonblätter

Sojasauce

2 EL Paniermehl

Salz

Pfeffer aus der Mühle

Olivenöl zum Braten

01 Die Hähnchenbrüste waschen, trocken tupfen und in kleine Würfel schneiden.

02 Die Garnelen schälen, den Rücken längs leicht einschneiden und den Darm entfernen. Die Garnelen in kleine Würfel schneiden. Ein Drittel der Würfel noch feiner hacken.

03 Den Ingwer schälen und fein reiben. Den Estragon fein hacken. Hähnchen- und Garnelenfleisch mit Ingwer, Estragon, etwas Sojasauce und Paniermehl mischen, mit Salz und Pfeffer abschmecken. Aus der Masse etwa 8 Frikadellen formen.

04 Etwas Olivenöl in einer Pfanne erhitzen und die Frikadellen darin bei mittlerer Hitze auf beiden Seiten in je 6 bis 8 Minuten goldbraun braten.

Diese Frikadellen sind **ideal für Partys**. Einfach die Menge je nach Gästeanzahl vervielfachen, die Frikadellen von beiden Seiten goldbraun anbraten und auf einem Backblech im Ofen bei 180 °C fertig garen.

KALBFLEISCH-FRIKADELLEN

Zutaten (für 4 Personen)

3 Roggenbrötchen vom Vortag

400 g Kalbfleisch (gut durchwachsen) ~ Salz

Pfeffer aus der Mühle ~ Zucker ~ Muskatblüte (Macis)

1 TL Vadouvan (ind. Gewürzmischung)

1 kleines Bund Petersilie ~ 1 Liebstöckelstiel

4 rote Zwiebeln ~ 5 EL Rapsöl ~ 1 EL scharfer Senf

4 Eier ~ 80 g Ochsenmark

1 Handvoll grobes Paniermehl

1 EL Butter ~ je 1 Rosmarin- und Thymianzweig

01 Die Brötchen in kaltem Wasser einweichen. Das Kalbfleisch in Würfel schneiden und mit Salz, Pfeffer, Zucker, Muskatblüte und Vadouvan kräftig würzen. Petersilie und Liebstöckel waschen, trocken schütteln, die Blätter fein schneiden. Zwiebeln schälen und in Würfel schneiden.

02 Etwas Rapsöl in einer Pfanne erhitzen und die Zwiebeln mit Petersilie und Liebstöckel goldgelb anbraten. Mit Salz, Pfeffer und Zucker würzen. Die Brötchen ausdrücken, zerzupfen und unter die Zwiebeln mischen.

03 Das Fleisch durch die mittlere Scheibe (5 mm Lochdurchmesser) des Fleischwolfs drehen und mit Senf, Eiern und Ochsenmark gut durchkneten. Die Zwiebel-Brötchen-Mischung untermengen.

04 Aus dem Fleischteig 8 Frikadellen formen und auf beiden Seiten mit Paniermehl bestreuen. Das übrige Rapsöl mit der Butter in einer Pfanne erhitzen. Die Frikadellen mit Rosmarin und Thymian bei mittlerer Hitze auf beiden Seiten 10 bis 15 Minuten goldbraun braten.

BREMSKLÖTZE MIT RÖSTZWIEBELN

Zutaten (für 4 Personen)
1 Brötchen vom Vortag
1 Schalotte ~ 1/2 Bund Petersilie
300 g Hackfleisch (Schwein und Rind gemischt)
2 Eier ~ 2 EL Ketchup
2 EL süßer Senf ~ Salz
Pfeffer aus der Mühle
frisch geriebene Muskatnuss
100 g Röstzwiebeln
8 EL Sonnenblumenöl zum Braten

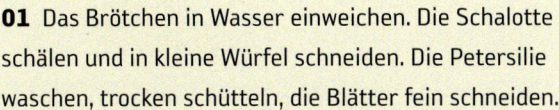

01 Das Brötchen in Wasser einweichen. Die Schalotte schälen und in kleine Würfel schneiden. Die Petersilie waschen, trocken schütteln, die Blätter fein schneiden.
02 Das Hackfleisch mit Schalotten, Petersilie, Eiern, Ketchup, Senf, Salz, grob gemahlenem Pfeffer, Muskatnuss, Röstzwiebeln und dem ausgedrückten, zerzupften Brötchen in eine Schüssel geben und gut mischen. Aus dem Fleischteig 1 flache Probefrikadelle formen.
03 In einer Pfanne so viel Öl erhitzen, dass der Pfannenboden bedeckt ist. Die Probefrikadelle darin bei mittlerer Hitze auf beiden Seiten braten und kosten. Hält die Frikadelle nicht gut zusammen, noch 1 Ei unter den Fleischteig kneten. Eventuell nachwürzen.
04 Aus dem Fleischteig 4 große oder 8 kleine Frikadellen formen und im Öl bei mittlerer Hitze auf beiden Seiten je 10 bis 12 (die kleinen) bzw. 12 bis 15 Minuten gut braun und knusprig braten.

RINDERFRIKADELLEN MIT ERDNUSSFLIPS

Zutaten (für 4 Personen)
1 Zwiebel ~ 1/2 Bund Petersilie
50 g Erdnussflips ~ 2 Eier
600 g Rinderhackfleisch ~ 1 TL Senf
3–4 EL Paniermehl
Salz ~ Zucker
edelsüßes Paprikapulver
Pfeffer aus der Mühle
2 EL Öl zum Braten

01 Die Zwiebel schälen und in kleine Würfel schneiden. Die Petersilie waschen, trocken schütteln und die Blätter fein schneiden. Die Erdnussflips fein zerbröseln. Die Eier verquirlen.
02 Das Hackfleisch mit Zwiebel, Petersilie, Erdnussflips, Eiern, Senf, Paniermehl, je 1 Prise Salz, Zucker, Paprikapulver sowie Pfeffer gut vermischen. Aus dem Fleischteig 8 Frikadellen formen.
03 Das Öl in einer Pfanne erhitzen und die Frikadellen darin bei mittlerer Hitze auf beiden Seiten je 5 Minuten goldbraun braten. Anschließend 1 Minute in der Pfanne ruhen lassen.

> Das **Fleisch aus den Keulen** schmeckt noch aromatischer als das aus der Brust. Gute Metzger lösen es gerne aus, dann braucht man es nur noch in Würfel zu schneiden und etwa 1 Minute anzubraten.

WOK MIT ENTE

Zutaten (für 4 Personen)

1 Möhre ~ 200 g Champignons
1 Stange Lauch
1 junger Pak choi oder Chinakohl
3 Frühlingszwiebeln
1 kleine Chilischote
1 Stück Ingwer (ca. 3 cm)
1 EL ungesalzene Erdnüsse
600 g Entenbrustfilet (ohne Fett)
3 EL Öl zum Braten
1 TL Honig ~ 1 EL Austernsauce
1 EL Sojasauce ~ 1 EL Sherry
1 Spritzer Orangensaft
400 ml Geflügelbrühe
Pfeffer aus der Mühle
1/2 TL Speisestärke
5 Korianderstiele
3 Thai-Basilikumstiele
3 Thai-Minzestiele
Salz

Für die Marinade

1 Knoblauchzehe
1 Stück Ingwer (ca. 4 cm)
2 EL Sojasauce
1 EL Austernsauce
1 EL Honig

01 Für die Marinade den Knoblauch schälen und in kleine Würfel schneiden. Den Ingwer schälen und fein reiben. Die Sojasauce mit Austernsauce, Honig, Knoblauch und Ingwer verrühren.

02 Für die Ente die Möhre waschen, schälen, längs halbieren und schräg in Scheiben schneiden. Die Champignons putzen und in Scheiben schneiden. Den Lauch putzen, den dunkelgrünen Teil entfernen, den Rest waschen und in Ringe schneiden. Den Pak choi putzen, waschen und in grobe Streifen schneiden. Die Frühlingszwiebeln putzen, waschen und in Ringe schneiden. Die Chilischote putzen, waschen, halbieren, entkernen und in feine Streifen schneiden. Den Ingwer schälen und fein reiben.

03 Die Erdnüsse fein hacken und im Wok ohne Fett rösten. Herausnehmen und beiseitestellen. Das Entenfleisch mit Küchenpapier trocken tupfen und in Streifen schneiden. 1 1/2 EL Öl im Wok erhitzen und das Entenfleisch darin bei starker Hitze unter Rühren 1/2 Minute anbraten. Das Fleisch aus dem Wok nehmen und auf einem Backblech mit der Marinade mischen.

04 Den Wok mit Küchenpapier auswischen und das restliche Öl darin erhitzen. Die Möhren in den Wok geben und bei starker Hitze 1/2 Minute unter Rühren anbraten. Die Champignons dazugeben und unter Rühren mitbraten. Den Lauch, den Pak choi und die Frühlingszwiebeln nacheinander dazugeben und jeweils 1/2 Minute mitbraten. Dann das Fleisch mit der Marinade auf das Gemüse geben und 1 Minute unter Rühren erhitzen.

05 Ingwer mit Chili, Honig, Austernsauce, Sojasauce, Sherry, Orangensaft, Brühe und Pfeffer in den Wok geben und zugedeckt bei schwacher Hitze 1 Minute durchziehen lassen. Die Speisestärke mit wenig Wasser anrühren, hinzufügen und 1/2 Minute mitkochen lassen.

06 Die Kräuter waschen, trocken schütteln und die Blätter fein schneiden. Das Wok-Gericht mit Salz und Pfeffer abschmecken und die Kräuter untermischen. Dazu passt am besten Reis.

GESCHNETZELTES VOM RIND MIT BANANE, CHAMPIGNONS UND GRÜNEM PFEFFER

Zutaten (für 4 Personen)

1 Zwiebel
300 g Champignons
1 Bund Frühlingszwiebeln
700 g Rinderfilet
1 Banane
Öl zum Braten
Salz
Pfeffer aus der Mühle
1 EL Butter
1 TL Thymianblättchen
2 EL grüne Pfefferkörner
 (eingelegt)
60 ml Cognac
200 g Crème fraîche

01 Die Zwiebel schälen und in kleine Würfel schneiden. Die Champignons putzen und je nach Größe vierteln oder achteln. Die Frühlingszwiebeln putzen, waschen und in Ringe schneiden. Das Fleisch trocken tupfen und in feine Streifen schneiden. Die Banane schälen und in Würfel schneiden.

02 Etwas Öl in einer Pfanne erhitzen und das Fleisch darin bei starker Hitze in zwei oder drei Portionen anbraten. Das Fleisch herausnehmen und auf einem Teller beiseitestellen. Die Pilze in die Pfanne geben, ebenfalls bei starker Hitze unter Rühren anbraten, mit Salz und Pfeffer würzen und herausnehmen.

03 Die Butter mit Thymianblättchen, Zwiebel, Frühlingszwiebeln und Bananenwürfeln in die Pfanne geben und anbraten. Die abgetropften Pfefferkörner hinzufügen und mit Cognac ablöschen. Das Fleisch samt Flüssigkeit, die Pilze und die Crème fraîche dazugeben, untermischen und kurz aufkochen lassen. Nach Belieben mit etwas Honig abschmecken.

04 Das Geschnetzelte mit Spätzle, Nudeln oder Kartoffeln servieren.

Auf keinen Fall das gesamte Fleisch auf einmal in die Pfanne geben, **es brät dann nicht richtig an**, sondern zieht Wasser und wird trocken.

MINUTENSTEAKS AUF WARMEM TOMATEN-RUCOLA-SALAT

Zutaten (für 4 Personen)

20 Cocktailtomaten
4 Bund Rucola (200 g)
1 Schalotte
50 g Pinienkerne
3 EL bestes Olivenöl
2 EL alter Aceto balsamico
Salz
Zucker
Pfeffer aus der Mühle
40 g Parmesan

Für die Steaks

4 Kalbssteaks
  (à 120 g; aus dem Rücken)
Salz
Pfeffer aus der Mühle
1 Rosmarinzweig
2 Knoblauchzehen
Olivenöl zum Braten
20 g Butter

01 Die Cocktailtomaten waschen und in Viertel schneiden. Den Rucola putzen, waschen, trocken schleudern und grob schneiden. Die Schalotte schälen und in kleine Würfel schneiden.

02 Die Pinienkerne in einer Pfanne ohne Fett goldbraun rösten, herausnehmen und beiseitestellen. Etwas Olivenöl in der Pfanne erhitzen und die Schalottenwürfel darin hellbraun andünsten. Die Cocktailtomaten und den Essig hinzufügen. Mit Salz, 1 Prise Zucker und Pfeffer würzen und zugedeckt beiseitestellen.

03 Die Steaks trocken tupfen und mit Salz und Pfeffer würzen. Den Rosmarin waschen und trocken schütteln. Die Knoblauchzehen mit einer Messerklinge andrücken. Etwas Olivenöl in einer Pfanne erhitzen, die Steaks darin von beiden Seiten bei mittlerer Hitze je 3 bis 4 Minuten goldbraun anbraten (nicht durchgaren!) und dabei Butter, Rosmarin und Knoblauch dazugeben. Die Steaks herausnehmen und zugedeckt oder in Alufolie gewickelt an einem warmen Ort ein paar Minuten ruhen lassen.

04 In die Steakpfanne die angedünsteten Cocktailtomaten samt Sud geben. Rosmarin und Knoblauch entfernen. Die Tomaten bei mittlerer Hitze kurz köcheln lassen. Den Rucola hinzufügen und durchschwenken.

05 Die Steaks mit dem warmen Tomaten-Rucola-Salat auf Tellern anrichten. Die Pinienkerne darüberstreuen und den Parmesan über den Salat hobeln.

SENF-KOTELETTS MIT RAHMKOHLRABI

Zutaten (für 4 Personen)

4 große Kohlrabi
1 Zwiebel
20 g Butter
Salz
Zucker
Pfeffer aus der Mühle
frisch geriebene Muskatnuss
1/2 EL Mehl
100 ml Brühe
1 Bund Petersilie
1 Ei
4 EL körniger Senf
2 EL Paniermehl
4 Schweinekoteletts (à 220 g)
Sonnenblumenöl zum Braten
50 g Schmant

01 Die Kohlrabi putzen, schälen und in grobe Stücke schneiden. Die Zwiebel schälen und in Würfel schneiden.

02 Die Butter in einem Topf erhitzen, die Zwiebelwürfel darin bei mittlerer Hitze glasig andünsten und die Kohlrabiwürfel dazugeben. Mit Salz, Zucker, Pfeffer und Muskatnuss würzen. Mit dem Mehl bestäuben und die Brühe angießen. Die Kohlrabi bei schwacher Hitze zugedeckt weich köcheln. Den Backofen auf 180 °C vorheizen.

03 Die Petersilie waschen, trocken schütteln, die Blätter abzupfen und fein schneiden. Das Ei leicht verquirlen. Den Senf, das Paniermehl und ein Drittel der Petersilie unterrühren.

04 Die Koteletts mit Küchenpapier abtupfen, dabei eventuell anhaftende Knochensplitter entfernen. Die Koteletts von beiden Seiten mit Salz und Pfeffer würzen. Etwas Öl in einer Pfanne erhitzen und die Koteletts darin bei starker Hitze auf beiden Seiten goldbraun anbraten. Die Koteletts nebeneinander auf ein Backblech legen und die Petersilienmasse darauf verteilen. Die Koteletts im Backofen in ein paar Minuten goldbraun überbacken.

05 Den Schmant und die restliche Petersilie unter die gegarten Kohlrabi mischen. Die Schweinekoteletts mit Kohlrabi auf Tellern anrichten. Dazu passt knuspriges Baguette.

SCHWEINEFILET MIT ÄPFELN UND GLASIERTEM RADICCHIO

Zutaten (für 4–6 Personen)

2 Äpfel

Saft von 1/2 Zitrone

2 Rosmarinzweige

3 Scheiben Ingwer

1 EL Puderzucker

1/2 EL Butter

100 ml Apfelsaft

2 EL Apfelessig

Pfeffer aus der Mühle

400 g Schweinefilet

Salz

3 EL Rapsöl

1 großer Treviso-Radicchio

1 EL Olivenöl

1 TL Honig

1/2 EL Aceto balsamico

2 EL Orangensaft

01 Die Äpfel vierteln, schälen und die Kerngehäuse entfernen. Die Viertel in Spalten schneiden und in einer Schüssel mit Zitronensaft mischen. Den Rosmarin waschen und trocken schütteln. Die Ingwerscheiben schälen.

02 Den Puderzucker in einer beschichteten Pfanne bei schwacher Hitze schmelzen lassen. Die Butter dazugeben und ebenfalls schmelzen lassen. Die Apfelspalten hinzufügen und bei mittlerer Hitze unter gelegentlichem Wenden goldbraun braten. Apfelsaft, Essig, Ingwer und Rosmarin dazugeben und 1 Minute köcheln lassen. Die Pfanne vom Herd nehmen, die Äpfel mit Pfeffer würzen und zugedeckt warm halten.

03 Den Backofen auf 80 °C vorheizen. Das Schweinefilet mit Küchenpapier trocken tupfen. Die silbrigen Häute entfernen. Das Filet mit Salz und Pfeffer würzen. In einer großen Pfanne das Rapsöl erhitzen und das Filet bei mittlerer Hitze rundherum 3 Minuten anbraten. Das Filet in Alufolie wickeln und auf dem Ofengitter im Backofen bis zum Anrichten ruhen lassen.

04 Den Radicchiokopf waschen, trocken schütteln und längs in 4 Stücke schneiden, die am Strunk noch zusammenhängen. In der Schweinefilet-Pfanne das Olivenöl erhitzen und die Radicchiostücke darin bei mittlerer Hitze unter Wenden in etwa 2 Minuten rundherum goldbraun anbraten. Den Honig dazugeben und mit Essig und Orangensaft ablöschen. Mit Salz würzen.

05 Das Schweinefilet aus der Folie nehmen, den Fleischsaft zum Radicchio geben. Die Radicchiostücke mit Schmorsaft in die Mitte der Teller geben. Das Schweinefilet in Scheiben schneiden und darauf anrichten. Die Apfelstücke samt Sirup außen herum verteilen.

So bleibt auch die **Filetspitze garantiert rosa**: Die Filetspitze 4 cm vor dem Ende quer bis zur Mitte einschneiden. Die Spitze nach unten umklappen, mit Küchengarn fixieren und wie angegeben garen.

GEBACKENE LAMMFILETSCHNECKEN MIT PAPRIKA-BASILIKUM-ZABAIONE

Zutaten (für 4 Personen)

8 Lammfilets
Salz
Pfeffer aus der Mühle
Zucker
3 rote Paprikaschoten
1 EL Sherry
1 EL Madeira
1 EL Wermut (z. B. Noilly Prat)
4 Rosmarinzweige
4 Thymianzweige
1–2 Petersilienstiele
2 Knoblauchzehen
100 g Butter
150 g kleine Brotwürfel
4 Eier
200 g Cornflakes
Mehl zum Wenden
1/8 l Öl zum Braten
1 kleines Bund Basilikum

01 Die Lammfilets mit einem Plattiereisen oder einem schweren Kochtopf 5 bis 6 mm dünn klopfen. Mit Salz, Pfeffer und 1 Prise Zucker würzen.

02 Die Paprika halbieren, entkernen und waschen. In einem Entsafter die Paprikaschoten entsaften. Sherry, Madeira und Wermut in einen Topf geben und etwas einkochen lassen. Mit dem Paprikasaft ablöschen und bei mittlerer Hitze auf die Hälfte einkochen lassen. Den Topf vom Herd nehmen.

03 Rosmarin, Thymian und Petersilie waschen und trocken schütteln. Die Petersilienblätter fein schneiden. Den Knoblauch mit einer Messerklinge andrücken. Die Butter in einer Pfanne erhitzen. Die Brotwürfel darin mit Rosmarin, Thymian und Knoblauch goldgelb braten. Rosmarin, Thymian und Knoblauch wieder entfernen. Die Petersilie und die Paprikareste aus dem Entsafter dazugeben, alles vermischen und die Paste mit Salz, Pfeffer und 1 Prise Zucker würzen. Den Backofen auf 160 °C vorheizen.

04 Die Lammfilets gleichmäßig mit der Paprika-Brot-Paste bestreichen, zu einer Schnecke aufrollen und die Enden mit je 1 Holzspießchen fixieren. Die Eier trennen und die Eiweiße mit etwas Salz in einem tiefen Teller leicht verquirlen. Die Cornflakes zerdrücken und auf einen Teller geben. Etwas Mehl auf einen weiteren Teller geben. Die Lammschnecken zuerst im Mehl, dann im Eiweiß und zum Schluss in den Cornflakes wenden.

05 Das Öl in einer Pfanne erhitzen und die Lammschnecken auf beiden Seiten goldgelb braten. Herausnehmen, auf Küchenpapier abtropfen lassen, auf das Ofengitter legen und im Backofen 5 bis 6 Minuten ziehen lassen.

06 In der Zwischenzeit die Paprikareduktion in eine Metallschüssel geben und über einem heißen Wasserbad die Eigelbe mit dem Schneebesen rasch unterrühren. Die Mischung zu einer schaumigen Zabaione aufschlagen.

07 Das Basilikum waschen, trocken schütteln, die Blätter in grobe Streifen schneiden und unter die Zabaione heben. Die Lammfiletschnecken auf Teller verteilen und mit der Zabaione servieren.

TUNESISCHE LAMMHACKSPIESSE

Zutaten (für 4 Personen)

2 Zwiebeln

1 Ei

400 g Lammhackfleisch

Salz

1 TL rosenscharfes Paprikapulver

1/2 TL Raz el Hanout (siehe Tipp)
   oder Currypulver

1/2 TL Kreuzkümmel
   aus der Mühle

Mehl zum Panieren

Öl zum Braten

01 Die Zwiebeln in kleine Würfel schneiden. Das Ei trennen. Das Hackfleisch mit zwei Dritteln der Zwiebeln, dem Eigelb, Salz und den Gewürzen mischen. Den Backofen auf 170 °C vorheizen.

02 An 12 Holzspieße jeweils etwas Hackfleisch drücken und rund formen. Etwas Mehl und die restlichen Zwiebelwürfel jeweils auf einem Teller verteilen. Das Eiweiß mit dem Schneebesen leicht schaumig schlagen. Die Spieße zuerst im Mehl, dann im Eiweiß und zum Schluss in den Zwiebelwürfeln wenden.

03 Etwas Öl in einer Pfanne erhitzen und die Spieße darin bei mittlerer Hitze rundherum kurz anbraten. Dann auf das Ofengitter legen und im Backofen in 8 bis 12 Minuten fertig garen. Zu den Lammspießen passen Couscous und Minzejoghurt.

Raz el Hanout ist eine Gewürzmischung, die in Nordafrika viel verwendet wird. Übersetzt heißt sie **»Chef des Ladens«**, weil außer dem Chef angeblich keiner weiß, aus welchen Gewürzen sich die Mischung zusammensetzt.

GRATINIERTE CHILI-MELONEN

Zutaten (für 4 Personen)

2 kleine Charentaise-Melonen
50 ml weißer Portwein
50 g Zucker
5–10 Basilikumblätter
1 Chilischote
1 Bio-Zitrone
1 Bio-Orange
1 Ei
1/2 Vanilleschote
125 g Quark (40 %)
70 g Zucker

DER GOLDENE TIPP!
Am besten bleibt man neben dem Grill stehen, während die Melonen überbacken. Der Übergang zwischen **goldbraun und verbrannt** geht wirklich sehr schnell.

01 Die Melonen vierteln, schälen und entkernen. Das Fruchtfleisch in mundgerechte Würfel schneiden und mit Portwein und Zucker in einer Schüssel vermischen.

02 Die Basilikumblätter waschen, trocken tupfen, sehr fein schneiden und unter die Melonenwürfel mischen. Die Chilischote waschen, längs halbieren, entkernen und den Schärfegrad prüfen. Nach Geschmack mehr oder weniger von der Chilischote in sehr feine Streifen schneiden und unter die Melonenwürfel mischen.

03 Die Marinierflüssigkeit von den Melonen in einen hohen Becher gießen, ein paar Melonenwürfel dazugeben und mit dem Stabmixer fein pürieren. Diese sämige Flüssigkeit wieder mit den restlichen Melonenwürfeln vermischen.

04 Für die Gratinmasse die Zitrone und Orange heiß waschen, trocken tupfen und die Schalen fein abreiben. Das Ei trennen. Die Vanilleschote längs aufschneiden und das Mark auskratzen. Den Quark mit Zitrusschalen, Eigelb, Vanillemark und 40 g Zucker verrühren. Das Eiweiß mit dem restlichen Zucker steif schlagen und unter die Quarkmasse heben.

05 Den Backofengrill vorheizen. Den Melonensalat in ofenfeste Portionsförmchen geben und die Gratinmasse darauf verstreichen. Das Melonengratin unter dem heißen Grill ganz kurz goldgelb überbacken. Herausnehmen und den kalten Melonensalat mit der heißen Gratinhaube sofort servieren.

GEBACKENE DATTELN IM SPECKMANTEL AUF SÜSSEM NUSSPESTO

Zutaten (für 4 Personen)

Für das Pesto

1/4 l Orangensaft

2 EL Honig

1 Msp. Rosmarin (fein gehackt)

1 Bio-Zitrone

200 g gemischte Nüsse

   (z. B. Mandeln, Walnüsse,

   Pinienkerne)

Für die Datteln

10 dünne Scheiben

   Frühstücksspeck

20 getrocknete Datteln

Öl zum Braten

01 Für das Pesto den Orangensaft mit Honig und Rosmarin in einen Topf geben und sirupartig einkochen lassen. Die Zitrone heiß waschen, trocken reiben und die Schale abreiben. Die Nüsse mit einem großen Messer oder im Mixer grob zerkleinern und mit der Zitronenschale in den Orangensirup rühren.

02 Die Speckscheiben quer halbieren. Die Datteln längs aufschneiden, entkernen und, falls die Häute zäh sind, häuten. Jede Dattel in einen Speckstreifen wickeln. Den Speck mit einem Holzstäbchen fixieren.

03 Wenig Öl in einer Pfanne erhitzen und die Speckdatteln bei mittlerer Hitze rundherum knusprig braten. Die Datteln herausnehmen, kurz auf Küchenpapier abtropfen lassen und sofort mit dem Pesto servieren.

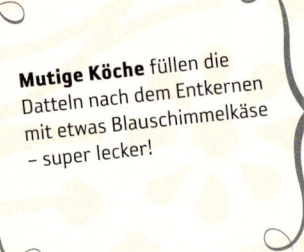

Mutige Köche füllen die Datteln nach dem Entkernen mit etwas Blauschimmelkäse – super lecker!

JOGHURT-KROKANT-CRÊPES AUF ERDBEERKOMPOTT

Zutaten (für 4 Personen)

2 Bio-Orangen

2 Eier

40 g Mehl

1 EL Speisestärke

2 EL Zucker

Salz

4 EL Butterschmalz

150 g Naturjoghurt

1 EL Honig

2 EL Joghurtpulver (aus der
   Apotheke)

1 EL Sahnesteif

250 g Erdbeeren

100 ml Kondensmilch

1 kleines Bund Minze

2 EL Haselnusskrokant

brauner Zucker zum Bestreuen

Puderzucker zum Bestäuben

01 Die Orangen heiß waschen, trocken reiben, die Schalen abreiben und den Saft auspressen. Die Eier mit Mehl, Speisestärke, Zucker, 1 Prise Salz, Orangensaft und -schale zu einem glatten Teig verrühren. In einer kleinen Pfanne etwas Butterschmalz erhitzen und aus dem Teig nach und nach 8 bis 12 hauchdünne Pfannkuchen ausbacken. Dabei immer wieder etwas Butterschmalz in die Pfanne geben.

02 Joghurt, Honig, Joghurtpulver und Sahnesteif verrühren und in einen Siphon füllen. 2 Patronen daraufschrauben und den Siphon kopfüber 15 Minuten kalt stellen.

03 Die Erdbeeren waschen, putzen und trocken tupfen. Die Erdbeeren und die Kondensmilch in eine flache Schale geben und die Früchte mit einer Gabel zerdrücken. Die Minze waschen und trocken schütteln. Die Blätter in sehr feine Streifen schneiden und unter die Erdbeeren mischen.

04 Die Crêpes auslegen und den Joghurtschaum aus dem Siphon daraufspritzen. Die Crêpes mit Haselnusskrokant bestreuen und aufrollen.

05 Das Erdbeerkompott auf Teller verteilen und mit etwas braunem Zucker bestreuen. Die Crêpes daraufsetzen und mit Puderzucker bestäuben.

Geht auch: Wer keinen Siphon (Druckgerät zum Aufschäumen von Flüssigkeiten) hat, streicht die Joghurtcreme direkt auf die Crêpes.

ANANAS-KOKOS-CRÊPES

Zutaten (für 4 Personen)

Für die Crêpes

20 g Butter
75 g Mehl
150 ml Kokosmilch
1 TL Puderzucker
2 Eier
1 Schuss Ananassaft oder Rum
weiche Butter zum Braten
Puderzucker zum Bestäuben

Für die Ananas

1/2 Ananas
1 EL Zucker
100 ml Ananassaft (ungesüßt)

01 Für den Crêpes-Teig die Butter schmelzen lassen. Das Mehl mit Kokosmilch, Puderzucker, Eiern und Ananassaft glatt rühren. Zum Schluss die Butter zügig unterrühren.

02 Die Ananas schälen, den holzigen Kern und die Augen entfernen. Das Fruchtfleisch in Stücke schneiden. Den Zucker in einem kleinen Topf bei mittlerer Hitze goldgelb karamellisieren. Mit dem Ananassaft ablöschen und die Flüssigkeit sirupartig einkochen lassen.

03 Die Ananasstücke in einer beschichteten Pfanne ohne Fett rundherum goldbraun braten.

04 Eine große beschichtete Pfanne bei mittlerer Hitze heiß werden lassen und dünn mit etwas weicher Butter ausstreichen. Für jede Crêpe etwa 2 bis 3 EL Teig in die Pfanne geben. Den Teig durch Drehen der Pfanne gleichmäßig verteilen. Sobald die Crêpes sich vom Boden lösen, wenden und fertig backen. Auf diese Art 5 bis 6 dünne Crêpes backen.

05 Die Crêpes mit den Ananasstücken belegen, einrollen und auf Teller setzen. Mit dem Ananassirup beträufeln und mit Puderzucker bestäuben.

Die erste Crêpe ist immer **zum Üben** und bei der letzten reicht oft der Teig nicht mehr ganz. Also backt man meist 5 bis 6 Crêpes, damit man am Ende 4 schöne Exemplare hat.

GEBRATENER VANILLE-WHISKY-PUDDING MIT CHILI-KIRSCH-KOMPOTT

Zutaten (für 4 Personen)

Für den Pudding

1 Päckchen Vanillepudding
4 EL Zucker
370 ml Milch
80 ml Whisky
Mehl zum Wenden
Paniermehl zum Wenden
1 Ei
1 TL Zimtpulver
2 EL Butter

Für das Kirschkompott

50 g Zucker
1–3 Chilischoten
200 ml Kirschsaft
Salz
1 TL Speisestärke
2 EL Whisky
300 g Kirschen (entsteint;
   frisch oder tiefgekühlt)

01 Den Vanillepudding nach Packungsangabe mit 2 EL Zucker, jedoch mit weniger Milch zubereiten. Nach dem Aufkochen den Whisky unterrühren. Den Pudding in eine flache rechteckige Form füllen, die Masse sollte ungefähr 2 cm hoch sein. Den Pudding mindestens 1 Stunde kalt stellen.

02 Für das Kirschkompott den Zucker in einem Topf bei mittlerer Hitze goldgelb karamellisieren lassen. Die Chilischoten putzen, waschen, längs halbieren und entkernen. Den Zucker mit Kirschsaft ablöschen, 1 Prise Salz und die Chilischoten hineingeben und so lange ziehen lassen, bis die gewünschte Schärfe erreicht ist.

03 Den Kirschsirup durch ein feines Sieb gießen. Die Speisestärke mit dem Whisky glatt rühren. Den Kirschsirup wieder zum Kochen bringen, die Speisestärke unterrühren und kurz mitkochen lassen. Die Kirschen dazugeben, untermischen und das Kompott abkühlen lassen.

04 Den völlig durchgekühlten Pudding in Quader (Fischstäbchengröße) oder Dreiecke schneiden. Mehl und Paniermehl jeweils auf einem Teller verteilen. Das Ei mit einer Gabel etwas verquirlen. Die Puddingscheiben zuerst im Mehl, dann im Ei und zum Schluss im Paniermehl wenden.

05 Den restlichen Zucker mit Zimt mischen. Jeweils etwas Butter in einer Pfanne erhitzen und die panierten Puddingstreifen oder -dreiecke portionsweise rundherum braten und dabei gleich mit Zucker und Zimt bestreuen.

06 Den gebratenen Pudding mit dem Kompott auf Tellern anrichten.

KREATIV

OCHSENBRUSTSALAT MIT GEPIERCTER ROTBARBE UND BANANEN-BLUTWURST-PESTO

Zutaten (für 4 Personen)

Für den Ochsenbrustsalat

je 1 kleines Bund Frühlings-
    zwiebeln und Schnittlauch
1 rote Zwiebel
6 EL weißer Aceto balsamico
1 TL scharfer Senf ~ Salz
Pfeffer aus der Mühle ~ Zucker
4 EL Rapsöl
400 g gekochte Ochsenbrust
Mehl ~ 1 Rosmarinzweig
1 Knoblauchzehe ~ 2 EL Öl

Für das Blutwurst-Pesto

1 kleines Bund Basilikum
50 g Blutwurst
1/2 Knoblauchzehe
1 Banane ~ 6 EL Apfelsaft
4 EL bestes Olivenöl ~ 4 EL Öl
1 Msp. Safran ~ Saft von 1 Zitrone
50 g Parmesan (frisch gerieben)
50 g Pinienkerne

Für die Rotbarben

4 Zimtstangen ~ 4 Rotbarbenfilets
Salz ~ Pfeffer aus der Mühle
Mehl ~ 2 Thymianzweige
1 Knoblauchzehe ~ 2 EL Öl
1 EL Butter ~ 1–2 Petersilienstiele

01 Für den Ochsenbrustsalat Frühlingszwiebeln und Schnittlauch waschen, trocken schütteln und in Ringe bzw. Röllchen schneiden. Die rote Zwiebel schälen und in kleine Würfel schneiden. Essig, Senf, 2 EL Wasser, Salz, Pfeffer und Zucker verrühren. Das Rapsöl dazugeben und Frühlingszwiebeln, rote Zwiebel und Schnittlauch darunterrühren.

02 Die Ochsenbrust in Scheiben und danach in kleine Rauten schneiden, mit Salz und Pfeffer würzen und mit etwas Mehl bestäuben. Den Rosmarin waschen, trocken schütteln, den Knoblauch mit einer Messerklinge andrü-cken. Das Öl erhitzen und die Ochsenbrust mit Rosmarin und Knoblauch knusprig braten. Anschließend mit der Vinaigrette marinieren.

03 Für das Pesto das Basilikum waschen, trocken schütteln und in hauch-dünne Streifen schneiden. Die Blutwurst häuten und in ganz feine Würfel schneiden. Den Knoblauch schälen, die Banane schälen und in Stücke schnei-den. Knoblauch mit Banane, Apfelsaft, Ölen, Safran, Zitronensaft, Parmesan und Pinienkernen mit dem Stabmixer oder im Küchenmixer fein pürieren. Mit Salz, Pfeffer und Zucker abschmecken und zum Schluss die Blutwurstwürfel und Basilikumstreifen vorsichtig darunterrühren.

04 Die Zimtstangen auseinanderrollen und in Streifen schneiden. Die Zimt-stangenstreifen in die Rotbarbenfilets stecken. Die Filets mit Salz und Pfeffer würzen und auf der Hautseite mit etwas Mehl bestäuben. Thymian waschen und trocken schütteln, die Knoblauchzehe mit einer Messerklinge andrücken.

05 Das Öl mit der Butter in einer Pfanne erhitzen. Die Fischfilets mit Knob-lauch und Thymian auf der Hautseite goldgelb anbraten. Wenden und auf dieser Seite nur kurz anbraten. Die Petersilie waschen, trocken schütteln und die Blätter fein schneiden. Die Petersilie über die Fischfilets streuen.

06 Den Ochsenbrustsalat auf Teller verteilen, darauf je 1 Rotbarbe setzen und das Bananen-Blutwurst-Pesto außen herum verteilen.

GARNELEN-RAFFAELO

Zutaten (für 4 Personen)

280 g Garnelen (geschält)
1 Stück Ingwer (3 cm)
50 g Kokosraspel
1 Spritzer Kokossirup oder
   Kokoslikör
Chili aus der Mühle
Sojasauce
Salz
Öl zum Frittieren
12–16 Mandeln (geschält)
Mehl zum Wenden
Kokosraspel zum Wenden
1 Ei

01 Die Garnelen waschen, trocken tupfen und in sehr feine Würfel schneiden. Den Ingwer schälen, fein reiben und zu den Garnelen geben. Kokosraspel, Kokossirup, Chili, etwas Sojasauce und Salz hinzufügen und alles 1 bis 2 Minuten gründlich durchrühren.

02 Das Öl in einem Topf auf 170 °C erhitzen. Aus der Garnelenmasse mit angefeuchteten Händen 12 bis 16 glatte, walnussgroße Bällchen formen, dabei in jedes Bällchen 1 Mandel drücken. Mehl und Kokosraspel jeweils auf einen Teller geben. Das Ei in einem Schälchen verquirlen. Die Bällchen zuerst im Mehl, dann im Ei und zuletzt in den Kokosraspeln wenden.

03 Die Garnelen-Raffaelo im Öl goldbraun frittieren. Mit einem Schaumlöffel herausheben, kurz auf Küchenpapier abtropfen lassen und sofort servieren.

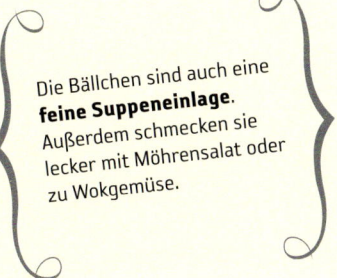

Die Bällchen sind auch eine **feine Suppeneinlage**. Außerdem schmecken sie lecker mit Möhrensalat oder zu Wokgemüse.

TOMATEN-FEIGEN-SALAT MIT GEBRATENEM ZIEGENKÄSE

Zutaten (für 4 Personen)

1/2 EL Sherryessig

Meersalz

Pfeffer aus der Mühle

1 1/2 EL Olivenöl

200 g Feldsalat oder Rucola

4 Feigen

2 Tomaten oder 8 Cocktailtomaten

3 Thymianzweige

1 Minzestiel

1/2 Bund Basilikum

300 g Ziegenkäse (kleine Rolle)

1/2 EL Olivenöl zum Braten

Saft von 1/2 Zitrone

Saft von 1/2 Orange

1 EL Pinienkerne oder
   grob gehackte Walnüsse

01 Für die Vinaigrette Essig mit Meersalz, Pfeffer und 1 1/2 EL Olivenöl verrühren. Den Feldsalat waschen, putzen und trocken schleudern. Die Feigen und Tomaten waschen, trocken tupfen und vierteln (Cocktailtomaten halbieren). Thymian, Minze und Basilikum waschen und trocken schütteln. Minze- und Basilikumblätter abzupfen.

02 Den Ziegenkäse in 1 1/2 cm dicke Scheiben schneiden. Das Olivenöl in einer beschichteten Pfanne erhitzen und den Ziegenkäse mit dem Thymian darin bei starker Hitze kurz anbraten. Die Käsescheiben auf Teller verteilen. Die Pfanne vom Herd nehmen, den Orangen- und Zitronensaft hineingeben und den Bratensatz lösen. Die Flüssigkeit unter die Vinaigrette rühren.

03 Feldsalat, Tomaten und Feigen in einer Schüssel mit der Vinaigrette vermischen. Ziegenkäsescheiben auf Teller geben und den Salat daneben verteilen. Mit Minze, Basilikum und Pinienkernen bestreuen.

Wenn ich **Ziegenkäse von der großen Rolle** verwende, schäle ich die dicke Rinde mit einem Sparschäler etwas dünner.

PAPAYA-PAPRIKA-SUPPE MIT ZIEGENKÄSE UND HONIG

Zutaten (für 4 Personen)

1 rote Paprikaschote
1 gelbe Paprikaschote
2 Papayas
2 Tamarillos (Baumtomaten)
1/2 l Orangensaft
1/4 l Milch
Salz
Chili aus der Mühle
Koriander aus der Mühle
Ingwerpulver
Currypulver
150 g junger Ziegenkäse
   (kleine Rolle)
4 EL Honig
1 EL Rosmarin (fein gehackt)

01 Den Backofen auf 180 °C vorheizen. Die Paprika halbieren, entkernen und waschen. Die Hälften etwas einschneiden, damit sie flach liegen. Auf ein Backblech geben und im Backofen so lange garen, bis sich die Haut in Blasen vom Fruchtfleisch wölbt. Herausnehmen und den Backofengrill vorheizen.

02 Die Papayas schälen, halbieren, die Kerne entfernen und die Hälften in grobe Stücke schneiden. Die Tamarillos schälen und grob schneiden. Von den Paprika die Haut abziehen. Paprika, Papayas, Tamarillos, Orangensaft, Milch, Salz, Chili, Koriander, Ingwer- und Currypulver mit dem Stabmixer oder im Küchenmixer fein pürieren. Das Mus durch ein feines Sieb streichen.

03 Die Ziegenkäserolle in 8 Scheiben schneiden. Die Käsescheiben durch den Honig ziehen und unter dem Backofengrill leicht erwärmen. Nach Belieben zwischendurch noch etwas Honig dareufträufeln. Die Suppe auf Teller oder in breite Gläser verteilen. Den Rosmarin auf den Käse streuen und die Käsescheiben in die Suppe legen.

Diese fruchtig-würzige Suppe schmeckt **an heißen Tagen** herrlich erfrischend. Wer mag, kann sie vor dem Servieren noch eine Zeit lang in den Kühlschrank stellen.

PAPRIKA-APFEL-SUPPE

Zutaten (für 4–6 Personen)

2 rote Paprikaschoten

1 Schalotte

1 kleine Salatgurke

4 rote Äpfel (z. B. Braeburn)

1 kleine Chilischote

1/2 Stange Zitronengras

1 Knoblauchzehe

Traubenkern- oder Rapsöl zum
   Dünsten

2 Kaffir-Limettenblätter

100 ml Apfelsaft

3/4 l Geflügel- oder Gemüsebrühe

1 Stück Ingwer (2 cm)

Cayennepfeffer

100 g Sahne oder saure Sahne

Meersalz aus der Mühle

Zucker

1/2 Bund Koriander

01 Den Backofengrill vorheizen. Die Paprikaschoten halbieren, entkernen, waschen und trocken tupfen. Die Schoten mit der Schnittfläche nach unten auf ein Backblech legen. Im Backofen (oben) etwa 3 Minuten rösten, bis die Haut schwarze Blasen bekommt. Die Paprika kurz abkühlen lassen und die Haut abziehen.

02 Die Schalotte schälen und in kleine Würfel schneiden. Die Gurke schälen, längs halbieren, das Kerngehäuse mit einem Löffel herauskratzen und die Hälften in grobe Stücke schneiden. Die Äpfel vierteln, schälen, Kerngehäuse entfernen, und das Fruchtfleisch in grobe Würfel schneiden. Die Chilischote putzen, entkernen, waschen und längs halbieren. Das Zitronengras putzen, waschen, trocken tupfen und mit einer Messerklinge leicht andrücken. Die Knoblauchzehe schälen und mit einer Messerklinge leicht andrücken.

03 Etwas Öl in einem Topf erhitzen und die Schalotten mit Knoblauch, Zitronengras, Chilis, Limettenblättern, Apfel- und Gurkenwürfeln 1 Minute bei mittlerer Hitze andünsten. Den Apfelsaft dazugeben und etwa 30 Sekunden einkochen lassen. Die Brühe angießen und aufkochen lassen. Den Ingwer schälen, fein reiben und mit 1 kleinen Prise Cayennepfeffer zur Apfel-Gurken-Mischung geben und alles 5 Minuten köcheln lassen.

04 Die Paprikaschoten grob schneiden. Limettenblätter und Zitronengras aus der Suppe nehmen. Die Paprikastücke hineingeben und alles mit dem Stabmixer pürieren. Die Suppe nach Belieben durch ein feines Sieb streichen.

05 Die Sahne unter die Suppe rühren und die Suppe nochmals erwärmen (nicht kochen!). Mit Meersalz und 1 Prise Zucker abschmecken. Den Koriander waschen, trocken schütteln und die Blätter abzupfen.

06 Die Suppe auf Teller verteilen und mit Koriander garnieren.

KOKOS-CURRY-SÜPPCHEN MIT ZITRONENGRAS-PUTEN-SPIESSEN

Zutaten (für 4 Personen)

10 Stangen Zitronengras
6 Schalotten
5 Knoblauchzehen
20 g Ingwer
50 ml geröstetes Sesamöl
10 Kaffir-Limettenblätter
10 g Koriandersamen
2 Sternanis
1 EL Madras-Currypulver
50 ml Orangensaft
1/2 l Geflügelbrühe
1 l Kokosmilch
50 ml Sweet Chili Sauce
300 g Putenbrustfilet
Pfeffer aus der Mühle
Salz
Zucker
Olivenöl zum Braten
2 Korianderstiele
10 g weiße Sesamsamen
10 g schwarze Sesamsamen

01 Das Zitronengras putzen, 4 Stangen und 1 Reservestange mit einem sehr schrägen Schnitt am oberen Ende anspitzen, sodass man Spieße erhält. Die Abschnitte und das restliche Zitronengras in kleine Stücke schneiden. Die Schalotten, Knoblauchzehen und den Ingwer schälen und in feine Würfel schneiden.

02 Das Sesamöl in einer Pfanne erhitzen und das klein geschnittene Zitronengras mit Schalotten, Knoblauch, Ingwer, Limettenblättern, Koriandersamen und Sternanis darin farblos andünsten. Das Currypulver darüberstäuben und kurz mitdünsten lassen. Den Orangensaft dazugießen und vollständig einkochen lassen. Die Geflügelbrühe, Kokosmilch und Sweet Chili Sauce angießen und etwa 20 Minuten offen köcheln lassen.

03 In der Zwischenzeit das Putenbrustfilet gegen die Fasern in lange Streifen schneiden und wellenförmig auf die vier Zitronengrasspieße stecken. Mit Salz, 1 Prise Zucker und Pfeffer würzen. In einer Pfanne das Olivenöl erhitzen und die Spieße darin rundherum 3 bis 5 Minuten braten.

04 Die Suppe durch ein Sieb passieren und mit Salz, Pfeffer und Zucker würzen. Den Koriander waschen, trocken schütteln und die Blätter abzupfen.

05 Die beiden Sesamsorten auf einem Teller mischen. Die Putenspieße aus der Pfanne nehmen und im Sesam wälzen.

06 Die Suppe auf vier asiatische Suppenschälchen verteilen, mit Korianderblättern garnieren und die Putenspieße jeweils auf die Schälchen legen.

TOMATEN-PAPAYA-ENERGY-SHOOTER

Zutaten (für 4 Personen)

1 Zwiebel
Olivenöl zum Braten
Zucker
1 EL Wodka
Saft von 1/2 Limette
1/4 l Orangensaft
400 g Tomaten (aus der Dose)
Meersalz
1 Knoblauchzehe
1 Chilischote
1 Lorbeerblatt
100 g getrocknete Tomaten
1 reife Papaya
1 EL Honig
Pfeffer aus der Mühle
2 EL bestes Olivenöl
200 ml H-Milch
1/2 Vanilleschote

01 Die Zwiebel schälen und in kleine Würfel schneiden. Etwas Olivenöl in einem Topf erhitzen und die Zwiebel darin mit 1 Prise Zucker andünsten. Mit Wodka und Limettensaft ablöschen. Den Orangensaft dazugeben und auf die Hälfte einkochen lassen. Die Tomaten aus der Dose mit Saft, 1 Prise Salz und Zucker hinzufügen und bei schwacher Hitze 30 Minuten köcheln lassen.

02 Die Knoblauchzehe schälen und mit einer breiten Messerklinge andrücken. Die Chilischote waschen. Chilischote, Knoblauch und Lorbeerblatt zu den Tomaten geben und weitere 15 Minuten köcheln lassen. Die getrockneten Tomaten in warmes Wasser legen und 10 Minuten ziehen lassen.

03 Die Papaya schälen, halbieren und mit einem Löffel die Samen entfernen. Das Fruchtfleisch in grobe Stücke schneiden und mit den getrockneten Tomaten und Honig in den Topf geben. Weitere 15 Minuten köcheln lassen.

04 Die Tomatensuppe mit Salz und Pfeffer abschmecken und durch eine Flotte Lotte passieren oder mit dem Stabmixer pürieren und durch ein feines Sieb streichen. Die Flüssigkeit wieder erhitzen und das Olivenöl unterrühren.

05 Die Milch erhitzen. Die Vanilleschote längs aufschneiden, das Mark herauskratzen und unter die Milch rühren. Die Milch mit dem Stabmixer aufschäumen.

06 Den Energy-Shooter in vorgewärmte Schälchen geben, den Milchschaum darüber verteilen. Nach Belieben mit grob gehackten Pistazien garnieren.

Nützliches und Praktisches

Für die Arbeit in der Küche holt man sich am besten hochwertige Unterstützung. Also Geräte aus gutem Edelstahl und hitzebeständigem Kunststoff. Regel: Lieber einmal ein bisschen mehr investieren, dafür hat man (fast) ewig Spaß daran.

KÜCHENORGANISATION
KÜCHENHELFER

THUNFISCH IN DER KORIANDERKRUSTE AUF CURRYLINSEN UND TANDOORI-JOGHURT

Zutaten (für 4 Personen)

1/2 l Geflügelbrühe

1 l Kokosmilch

2 Orangen

2 Schalotten

4 Knoblauchzehen

Olivenöl zum Braten

50 g Madras-Currypulver

200 g rote Linsen

Salz

Pfeffer aus der Mühle

40 g Koriandersamen

200 g Thunfisch (Sushi-Qualität)

1/2 Bund Thymian

2 Bund Koriandergrün

20 g Ingwer

Für den Tandoori-Joghurt

3 Bio-Limetten

100 g Sahnejoghurt

50 g rotes Tandooripulver
   (aus dem Asienladen)

Salz ~ Zucker

etwas Milch

01 Die Geflügelbrühe mit der Kokosmilch erhitzen. Den Saft der Orangen auspressen. Die Schalotten und den Knoblauch schälen und in kleine Würfel schneiden. Etwas Olivenöl in einem Topf erhitzen und Schalotten und Knoblauch darin andünsten. Das Currypulver darüberstäuben, kurz mitdünsten und mit dem Orangensaft ablöschen.

02 Die Linsen und etwas heiße Kokosmilchbrühe hinzufügen und unter häufigem Rühren einkochen lassen. Wieder etwas Flüssigkeit hinzufügen und ebenfalls unter Rühren einkochen lassen. So weiter verfahren, bis die Linsen in etwa 10 Minuten bissfest gegart sind. Mit Salz und Pfeffer abschmecken.

03 In der Zwischenzeit die Koriandersamen in einer Pfanne ohne Fett rösten, bis sie duften. Die Körner im Mörser fein zerstoßen, nach Belieben sieben.

04 Für den Tandoori-Joghurt die Limetten heiß abwaschen und trocken reiben. Die Schalen fein abreiben und den Saft auspressen. Den Joghurt mit Tandooripulver, Salz, Limettenschale und -saft, 1 Prise Zucker und so viel Milch verrühren, dass er vom Löffel läuft.

05 Den Thunfisch in 2 x 2 cm große Balken schneiden, salzen und mit etwas Druck in Koriander wälzen. Den Thymian waschen und trocken schütteln. Etwas Olivenöl in einer Pfanne erhitzen. Den Thunfisch und die Thymianzweige hinzufügen und bei starker Hitze auf jeder Seite nur 3 Sekunden anbraten.

06 Das Koriandergrün waschen, trocken schütteln und die Blätter abzupfen. Ein paar Blätter für die Dekoration beiseitelegen, die restlichen Blätter fein schneiden. Den Ingwer schälen, fein reiben und mit den Korianderblättern unter die Currylinsen mischen.

07 Die Currylinsen auf Tellern anrichten, den Thunfisch halbieren und auf den Linsen anrichten. Den Tandoori-Joghurt am Rand entlangträufeln. Mit den beiseitegelegten Korianderblättern garnieren.

KABELJAUBRIKETTS
AUF KARTOFFEL-KRAKEN-SALAT

Zutaten (für 4 Personen)

1/4 l Weißwein
6 EL weißer Aceto balsamico
Salz
600 g Krake (Oktopus;
    küchenfertig)
100 g Kartoffeln
100 g grüne Bohnen
2–3 Zitronen
10 kleine Oliven (aus Ligurien)
1–2 Petersilienstiele
10 Cocktailtomaten
6 EL bestes Olivenöl
Pfeffer aus der Mühle
Zucker
Öl zum Frittieren
360 g Kabeljaufilet
Koriander aus der Mühle
2 EL Speisestärke
4 EL Mehl
50 g Sepiatinte
    (vom Fischhändler)

01 In einem großen Topf reichlich Wasser mit Weißwein, Essig und Salz erhitzen. Den Kraken darin 45 Minuten bis 4 Stunden (je nach Herkunft und Alter) weich kochen. Die Flüssigkeit soll dabei nur leicht sieden, auf keinen Fall wallend kochen. Den Kraken herausheben, in Scheiben schneiden und beiseitestellen.

02 Die Kartoffeln schälen und in Würfel schneiden. Die Bohnen waschen und putzen. Beides im Krakensud in wenigen Minuten bissfest kochen.

03 Die Zitronen auspressen. Die Oliven entsteinen und grob hacken. Die Petersilie waschen, trocken schütteln und die Blätter fein schneiden. Die Tomaten waschen, das Fruchtfleisch vierteln und die Kerne entfernen. Tomaten mit Kartoffeln, Bohnen, Oliven und der Petersilie unter die lauwarmen Krakenstücke mischen. Mit Olivenöl, Salz, Pfeffer, Zucker und Zitronensaft pikant abschmecken.

04 Das Öl zum Frittieren in einem Topf auf 170 °C erhitzen. Das Kabeljaufilet in grobe Würfel schneiden, mit Salz, Pfeffer und Koriander würzen. Aus Speisestärke, Mehl, Sepiatinte und etwas Wasser einen halbflüssigen Ausbackteig herstellen. Die Kabeljauwürfel durch den Ausbackteig ziehen und im heißen Öl etwa 3 Minuten frittieren.

05 Den Kartoffel-Kraken-Salat auf Teller verteilen und die Kabeljaubriketts darauf anrichten.

Blütenweißer Blumenkohl:
Verfärbte Stellen auf der Oberseite kann man ganz leicht mit dem Sparschäler entfernen.

LACKIERTER THUNFISCH MIT TABOULEH

Zutaten (für 4 Personen)

Für den Thunfisch

150 ml Sojasauce

100 ml Colagetränk

3 EL Honig

6 Koriandersamen

4 Kardamomsamen

8 Kreuzkümmelsamen

5 Pfefferkörner

1 Sternanis ~ 1 Nelke

4 Scheiben Yellowfin-Thunfisch
 (à 150 g)

Olivenöl zum Braten

Für das Tabouleh

140 g Bulgur (medium)

1 Chicorée ~ 1/2 Fenchelknolle

75 g Blumenkohl

1 Bund Petersilie

2–4 Minzestiele

2 EL Walnüsse ~ 1 Granatapfel

Für das Dressing

1 Granatapfel

1 Spritzer Zitronensaft

1/2 Knoblauchzehe

1/4 TL Zimtpulver

4 EL bestes Olivenöl (mild)

Meersalz ~ Pfeffer aus der Mühle

01 Für den »Lack« Sojasauce, Cola und Honig in einem Topf verrühren und auf zwei Drittel der Menge einkochen. Die Gewürze in einem Mörser fein zerstoßen und in die reduzierte Flüssigkeit rühren. Die Thunfischscheiben auf der Oberseite mit der Reduktion bestreichen und 1 Stunde im Kühlschrank ziehen lassen.

02 Für das Tabouleh den Bulgur mit 200 ml heißem Wasser übergießen und 10 bis 15 Minuten quellen lassen.

03 Chicorée, Fenchel und Blumenkohl putzen und waschen. Vom Chicorée den Strunk entfernen und die Blätter schräg in breite Streifen schneiden. Den Fenchel halbieren, den Strunk entfernen und die Hälften ebenfalls in Streifen schneiden. Den Blumenkohl in kleine Röschen teilen.

04 Für das Dressing den Granatapfel halbieren und auf einer Zitruspresse den Saft aus den Kernen pressen. Granatapfel- und Zitronensaft in einen kleinen Topf geben und bei schwacher Hitze in etwa 2 Minuten sirupartig einkochen lassen. Den Topf vom Herd nehmen und den Sirup etwas abkühlen lassen. Den Knoblauch schälen und in kleine Würfel schneiden. Knoblauch, Zimt, 1 EL Wasser und Olivenöl in den Sirup rühren. Mit Meersalz und Pfeffer würzen. Nach Belieben mit 1 Prise braunem Zucker abschmecken.

05 Die Petersilie und die Minze waschen, trocken schütteln und die Blätter grob schneiden. Die Walnüsse grob hacken. Den Granatapfel halbieren, die Hälften mit der Schnittfläche nach unten in die Hand nehmen und mit einem Messerrücken die Kerne herausklopfen. Den Bulgur mit Salat und Gemüse, Kräutern, Walnüssen, Granatapfelkernen und dem Dressing vermischen.

06 Etwas Olivenöl in einer Pfanne erhitzen und die Thunfischstücke auf der lackierten Seite bei mittlerer Hitze 1 Minute anbraten. Die Pfanne vom Herd nehmen und den Thunfisch 2 Minuten ruhen lassen.

07 Das Tabouleh auf Teller verteilen und die Thunfischscheiben darauf anrichten. Mit Petersilienblättern garnieren.

FORELLE-MÜLLERIN-ROLLMÖPSE MIT KARTOFFEL-MANDEL-GRATIN

Zutaten (für 4 Personen)

600 g festkochende Kartoffeln
1 Knoblauchzehe
4 Schalotten
4 EL Butter ~ 1 Vanilleschote
100 g Mandelblättchen
500 g Sahne
Salz ~ Pfeffer aus der Mühle
Zucker
frisch geriebene Muskatnuss
4 Forellen (à 250 g; küchenfertig)
Senf zum Bestreichen
1 kleines Bund Petersilie
Mehl zum Wenden
1–2 Liebstöckelstiele
Öl zum Braten
1 Zitrone

01 Für das Gratin die Kartoffeln schälen, halbieren und in sehr feine Scheiben schneiden. Knoblauch und Schalotten schälen, die Schalotten in kleine Würfel schneiden. Eine ofenfeste Form mit Knoblauch und etwas Butter ausstreichen und mit den Schalottenwürfeln ausstreuen. Die Kartoffelscheiben dachziegelartig hineinschichten. Den Backofen auf 180 °C vorheizen.

02 Die Vanilleschote längs aufschneiden, das Mark herauskratzen. Die Mandelblättchen in einer Pfanne ohne Fett goldbraun rösten. Die Sahne mit Salz, Pfeffer, Zucker und Muskatnuss würzen, die Hälfte der Mandelblättchen und das Vanillemark darunterrühren. Die Kartoffeln mit der Sahne-Mandel-Mischung begießen und im Ofen etwa 25 Minuten goldbraun backen.

03 Die Forellen oberhalb und unterhalb der Mittelgräte vom Schwanz bis zum Kopf einschneiden. Auf diese Art auf beiden Seiten jeweils die Filets ablösen und von allen kleinen Gräten befreien. Die Fleischseiten mit Salz und Pfeffer würzen und leicht mit Senf einstreichen. Die Petersilie waschen, trocken schütteln und die Blätter fein schneiden. Die Forellenfilets mit etwas Mandelblättchen und der Petersilie bestreuen. Die Filets vom schmalen Ende her mit der Hautseite nach innen aufrollen und die Enden mit je 1 Holzstäbchen fixieren. Die Forellen-Rollmöpse im Mehl wenden.

04 Den Liebstöckel waschen und trocken schütteln. Etwas Öl in einer Pfanne erhitzen, den Liebstöckel und die restlichen Mandelblättchen hineingeben und die Rollmöpse darin bei mittlerer Hitze rundherum goldgelb anbraten, dabei die restliche Butter dazugeben. Die Rollmöpse in der Pfanne im Backofen 10 Minuten garen.

05 Die Zitrone so dick schälen, dass auch die weiße Haut mit entfernt wird. Die Filets aus den Trennhäuten lösen. Die Forellen-Rollmöpse mit dem Kartoffel-Mandel-Gratin auf Tellern anrichten. Die Zitronenfilets kurz in der Pfanne schwenken und mit den Mandelblättchen um die Rollmöpse herum verteilen.

DORADE ROYAL AUF KARDAMOMKÜRBIS UND ROSMARINKARTOFFELN

Zutaten (für 4 Personen)

500 g Kürbis (z. B. Butternuss,
    Muskatkürbis)
Salz
500 g kleine festkochende
    Kartoffeln (z. B. Drillinge,
    Bamberger Hörnchen, La Ratte)
Olivenöl zum Bestreichen und
    Braten
10 Rosmarinzweige
1 rote Paprikaschote
50 g Ingwer
2 Knoblauchzehen
10–15 Kardamomkapseln
1 TL Honig
700 g Doradenfilets (mit Haut)
Pfeffer aus der Mühle
Mehl zum Bestäuben
200 g Crème fraîche
Saft von 1 Zitrone
50 g Butter

01 Den Backofen auf 180 °C vorheizen. Den Kürbis vierteln, schälen und die Kerne entfernen. Das Fruchtfleisch grob raspeln, salzen und beiseitestellen.

02 Die Kartoffeln waschen, längs halbieren und mit den Schnittflächen nach oben auf einem Backblech verteilen. Die Schnittflächen mit Olivenöl bestreichen. Die Kartoffeln im Ofen je nach Größe 20 bis 35 Minuten garen. Den Rosmarin waschen, trocken schütteln und von 5 Zweigen die Blätter abzupfen. 10 Minuten vor Garzeitende den Rosmarin über die Kartoffeln verteilen.

03 Die Paprikaschote halbieren, entkernen und waschen, die Hälften in kleine Würfel schneiden. Den Ingwer und 1 Knoblauchzehe schälen und beides in sehr kleine Würfel schneiden.

04 Die Kürbisraspel in ein Küchentuch geben, gut ausdrücken und die Flüssigkeit in einer Schüssel auffangen.

05 Die Kardamomkapseln öffnen und die Samen in ein Schälchen geben. In einer Pfanne etwas Olivenöl erhitzen und bei mittlerer Hitze Paprika, Ingwer, Knoblauch und Kardamomsamen anbraten. Salzen und die Kürbisraspel mit Honig hinzufügen. Alles bei schwacher Hitze etwa 8 Minuten dünsten.

06 Die Doradenfilets trocken tupfen, falls nötig von Gräten befreien und portionieren. Die Filets mit Salz und Pfeffer würzen und die Hautseite mit Mehl bestäuben. In einer Pfanne etwas Olivenöl erhitzen und die Filets bei mittlerer Hitze auf der Hautseite 3 bis 5 Minuten braten.

07 Die Crème fraîche unter das Kürbiskraut mischen und mit Salz, Pfeffer und Zitronensaft abschmecken. Falls nötig noch ein bisschen ausgedrücktes Kürbiswasser dazugeben, damit die Konsistenz schön schlotzig ist.

08 Die restliche Knoblauchzehe mit einer Messerklinge andrücken. Butter, Knoblauch und restliche Rosmarinzweige in die Pfanne zu den Doradenfilets geben. Die Filets wenden und weitere 1 bis 2 Minuten braten.

09 Das Kürbiskraut auf Teller verteilen und die Doradenfilets darauf anrichten.

GREEN PAPAYA SALAD MIT MAISPOULARDE

Zutaten (für 4 Personen)

Für den Papayasalat

1 kleine rote Chilischote
1/2 Knoblauchzehe
1 TL getrocknete Shrimps
   (tiefgekühlt; aus dem Asienladen)
1/2 TL Koriandersamen
1 TL Fischsauce ~ 1/2 Limette
1 TL Palmzucker
1/2 EL Sesamöl ~ 1 EL Öl
1 grüne Papaya ~ 1 große Möhre
4 Korianderstiele
3 Thai-Basilikumstiele
4 Thai-Minzestiele

Für die Maispoularde

1 kleine rote Chilischote
1 Knoblauchzehe
1 EL ungesalzene Erdnüsse
   oder Pekannüsse
1/2 Bio-Zitrone ~ 1/2 TL Meersalz
Pfeffer aus der Mühle
2 Maispoulardenbrustfilets
   (mit Haut)
2 kleine Pak choi
neutrales Öl oder Erdnussöl
   zum Braten
etwas Geflügelbrühe

01 Die Chilischote putzen, waschen, längs halbieren, entkernen und in kleine Würfel schneiden. Den Knoblauch schälen und ebenfalls in kleine Würfel schneiden. Die Shrimps fein hacken. Chili, Knoblauch, Shrimps, Koriandersamen und Fischsauce im Mörser zu einer Paste zerreiben. Den Saft der Limette auspressen und mit dem Palmzucker in einem kleinen Topf erhitzen. Vom Herd nehmen und mit den Ölen und der Shrimpspaste mischen.

02 Die Papaya und die Möhre schälen, mit einem Sparschäler möglichst viele feine Streifen abziehen. Die Streifen in eine große Schüssel geben und mit dem Shrimps-Dressing vermischen, dabei mit den Händen leicht durchkneten.

03 Koriander, Thai-Basilikum und -Minze waschen, trocken schütteln und die Blätter fein schneiden. Die Kräuter unter den Papayasalat mischen. Die Kräuterstiele fein hacken.

04 Für die Poularde die Chilischote putzen, längs halbieren, entkernen, waschen und in kleine Würfel schneiden. Den Knoblauch schälen und ebenfalls in kleine Würfel schneiden. Die Erdnüsse fein hacken. Die Zitrone heiß waschen, trocken reiben und die Schale abreiben. Chili, Knoblauch, Erdnüsse und Zitronenschale mit den gehackten Kräuterstielen, Meersalz und Pfeffer vermischen. Die Haut der Maispoulardenbrüste anheben und die Masse darunterschieben. Dabei von außen mit den Fingern gut verteilen.

05 Den Pak choi putzen, längs vierteln, waschen und trocken schütteln. In einer großen Pfanne etwas Öl erhitzen und die Maispoulardenbrüste darin auf der Hautseite bei mittlerer Hitze 2 Minuten goldbraun anbraten. Wenden, den Pak choi mit 1 Prise Salz dazugeben und kurz mitbraten. Etwas Brühe angießen und alles bei mittlerer Hitze zugedeckt etwa 5 Minuten gar ziehen lassen.

06 Papayasalat und Pak choi auf die Teller verteilen. Die Poulardenbrüste in Scheiben schneiden und darauf anrichten. Den Bratfond aus der Pfanne darüberträufeln.

SAUTIERTE GARNELEN AUF BÄRLAUCH-POLENTA MIT ORANGENPAPRIKA

Zutaten (für 4 Personen)

Für die Bärlauchpolenta

2 Schalotten ~ Olivenöl zum Braten
1/4 l Geflügelbrühe
100 g feine Instant-Polenta
1 Thymianzweig
1 Rosmarinzweig
2 Bund Bärlauch
100 ml bestes Olivenöl
Salz ~ Pfeffer aus der Mühle
ca. 100 ml Milch
100 g Parmesan (frisch gerieben)
frisch geriebene Muskatnuss

Für die Orangenpaprika

2 TL Zucker ~ 3 Orangen
1 Vanilleschote ~ 2 Sternanis
2 Lorbeerblätter
je 1 rote und gelbe Paprikaschote

Für die Garnelen

12 Riesengarnelenschwänze
   (geschält und geputzt)
Salz ~ Pfeffer aus der Mühle
1 Thymianzweig
1 Rosmarinzweig
Olivenöl zum Braten
3 Knoblauchzehen

01 Für die Polenta die Schalotten schälen und in feine Würfel schneiden. Etwas Olivenöl in einem Topf erhitzen und die Schalotten darin andünsten. Die Brühe hinzufügen und aufkochen lassen. Die Polenta unter Rühren einrieseln lassen. Thymian- und Rosmarinzweig waschen und zur Polenta geben. Die Polenta etwa 15 Minuten quellen lassen.

02 Für die Orangenpaprika den Zucker in einem Topf bei mittlerer Hitze goldgelb karamellisieren lassen. Den Saft der Orangen auspressen. Die Vanilleschote längs aufschneiden und das Mark herauskratzen. Den Karamell mit dem Orangensaft ablöschen, Vanillemark und -schote, Sternanis und Lorbeer dazugeben und die Flüssigkeit auf ein Drittel einkochen lassen.

03 Die Paprikaschoten halbieren, entkernen und waschen, die Hälften in feine Streifen schneiden. Den Orangenfond durch ein Sieb in einen Topf gießen und die Paprikastreifen darin weich schmoren. Die Vanilleschote trocken tupfen.

04 Den Bärlauch waschen, trocken tupfen, grob schneiden und mit dem Olivenöl im Küchenmixer oder mit dem Stabmixer zu einer Paste pürieren. Mit Salz und Pfeffer würzen.

05 Die Milch erhitzen und so viel davon unter die Polenta rühren, bis diese die gewünschte Konsistenz hat (sie sollte schön »schlotzig«, also weich sein). Den Parmesan und die Bärlauchpaste ebenfalls unterrühren. Die Polenta mit Salz, Pfeffer und Muskatnuss abschmecken und warm stellen.

06 Die Garnelen trocken tupfen und vom dicken Ende her längs bis etwa zu einem Drittel der Länge einschneiden (kleiner Schmetterlingsschnitt). Die Garnelen mit Salz und Pfeffer würzen. Die Kräuterzweige waschen und trocken schütteln. Etwas Olivenöl in einer Pfanne erhitzen und die Garnelen darin bei mittlerer Hitze auf jeder Seite etwa 1 1/2 Minuten glasig braten. Den Knoblauch mit einer Messerklinge andrücken, mit den Kräuterzweigen und der abgetrockneten Vanilleschote in die Pfanne geben und mitbraten.

07 Die Polenta in Pastateller verteilen, die Garnelen darauf anrichten und die Paprikastreifen außen herum verteilen.

{ Diese kalten Hähnchenkeulen sind **perfekt für ein Picknick**. Wer sie lieber warm möchte, isst sie gleich daheim oder stellt sie in der Form für kurze Zeit ins Lagerfeuer. }

DRUNKEN CHICK ON TOUR

Zutaten (für 4 Personen)

3 Zwiebeln
2 Knoblauchzehen
400 g Cocktailtomaten
1/3 Bund Zitronenthymian
12 Hähnchenunterkeulen
Salz
Pfeffer aus der Mühle
Mehl zum Bestäuben
Olivenöl zum Braten
100 ml Gin
2 Bio-Orangen
1 TL Honig
Tabasco
6 Scheiben Mischbrot

01 Die Zwiebeln und Knoblauchzehen schälen und in Scheiben schneiden. Die Cocktailtomaten waschen und halbieren. Den Zitronenthymian waschen und trocken schütteln. Von den Hähnchenkeulen das untere Knochenende mit einem Messer freischaben. Je 1 Zitronenthymianzweig unter die Haut stecken, die Keulen mit Salz und Pfeffer würzen und mit etwas Mehl bestäuben.

02 Den Backofen auf 200 °C (Umluft 180 °C) vorheizen. In einer Pfanne etwas Olivenöl erhitzen und die Keulen darin bei mittlerer Hitze rundherum anbraten. Herausnehmen, die Zwiebeln in die Pfanne geben und goldbraun braten. Die restlichen Zitronenthymianzweige und den Knoblauch dazugeben und 2 Minuten mitbraten. Die Cocktailtomaten hinzufügen, kurz erhitzen und mit dem Gin ablöschen. Die Pfanne vom Herd nehmen.

03 Die Orangen heiß waschen, trocken reiben, die Schale abreiben und den Saft auspressen. Das Tomatengemüse mit Orangenschale, -saft, Honig, Salz, Pfeffer und Tabasco würzen. Das Gemüse in eine ofenfeste Form geben, die Keulen darauf verteilen und zugedeckt im Backofen etwa 20 Minuten garen.

04 Die Brotscheiben quer in Streifen schneiden. In einer Pfanne so viel Olivenöl erhitzen, dass der Boden bedeckt ist und die Brotstäbe darin kross backen. Beim Wenden noch mal etwas Olivenöl dazugeben. Brotstäbe herausnehmen und auf Küchenpapier abtropfen lassen.

05 Die Form aus dem Ofen nehmen, den Deckel abnehmen und alles ein wenig abkühlen lassen. Zum Transport den Deckel wieder auflegen und die Brotstäbe in Alufolie verpacken. Die Reise kann losgehen.

Schwarzwurzeln sondern einen **klebrigen Milchsaft** ab. Deshalb entweder mit Gummi- oder Einweghandschuhen arbeiten oder es wie die Köche machen: Die Unterarme mit Klarsichtfolie umwickeln und die Hände anschließend kräftig schrubben.

ROSA GEBRATENE ENTENBRUST AUF GETRÜFFELTEN SCHWARZWURZELNUDELN

Zutaten (für 4 Personen)

100 g frische grüne Bohnenkerne
1 EL Butter zum Braten
Salz
frisch geriebene Muskatnuss
1 EL getrocknetes Bohnenkraut
4 EL weißer Aceto balsamico
800 g Schwarzwurzeln
1 Päckchen Haco-»weiß«
 Knödelhilfe
Zucker
4 Barbarie-Entenbrüste
 (weiblich; 160–180 g)
Pfeffer aus der Mühle
Sonnenblumenöl zum Braten
4 Schalotten
1 EL Mehl
150 g Sahne
50 ml Geflügel-Jus
 (aus dem Feinkostladen)
100 ml bestes Olivenöl
1 Bund Petersilie
50 g Perigord-Trüffel

01 Die Bohnenkerne einritzen und schälen. Etwas Butter in einem Topf erhitzen und die Bohnenkerne darin 3 bis 4 Minuten dünsten, bis sie schön weich sind. Mit Salz, Muskat, Bohnenkraut und weißem Balsamico würzen und bis zum Servieren warm halten.

02 Die Schwarzwurzeln waschen und schälen. Mit dem Sparschäler von oben nach unten so viele Streifen wie möglich abziehen. Diese »Nudeln« sofort mit Haco-»weiß« bestäuben und mit Salz, Zucker und Muskat würzen.

03 Den Backofen auf 180 °C vorheizen. Die Entenbrüste trocken tupfen und die Haut mit einem scharfen Messer leicht einritzen. Mit Salz und Pfeffer würzen. Etwas Sonnenblumenöl in einer Pfanne erhitzen und die Entenbrüste darin auf der Fleischseite anbraten. Wenden, die Pfanne in den Backofen stellen und die Brust 6 bis 8 Minuten rosa garen.

04 Die Schalotten schälen und in kleine Würfel schneiden. In einem Topf die restliche Butter erhitzen, die Schalotten darin andünsten und das Mehl darüberstäuben. Die Schwarzwurzeln dazugeben und die Sahne angießen. Die »Nudeln« bei schwacher Hitze unter gelegentlichem Umrühren bissfest garen.

05 Die Entenbrüste aus dem Ofen nehmen, in Alufolie wickeln und an einem warmen Ort mindestens 3 Minuten ruhen lassen. Den Geflügel-Jus in einem kleinen Topf erhitzen und mit reichlich Olivenöl abschmecken. Es soll eine ungebundene Sauce entstehen, auf der man die Fettaugen sehen kann.

06 Die Petersilie waschen, trocken schütteln und die Blätter fein schneiden. Die Trüffel abbürsten, zu den Schwarzwurzelnudeln hobeln und mit der Petersilie untermischen.

07 Die Nudeln mit einer Fleischgabel zu vier Rollen aufdrehen und auf vorgewärmte Teller verteilen. Die Bohnen um die Rolle verteilen. Die Entenbrüste aus der Folie nehmen, den Saft zu dem Geflügel-Jus geben, das Fleisch in dünne Scheiben schneiden und auf den Schwarzwurzelnudeln anrichten. Den Geflügel-Jus um Bohnen und Schwarzwurzeln träufeln.

KARTOFFEL-
KNOBLAUCH-DIP

Zutaten (für 4 Personen)

100 g Butter

250 g Pellkartoffeln

10–15 Knoblauchzehen

1 TL Thymianblätter

150 g Crème fraîche

1 EL Petersilie (fein geschnitten)

Salz

Pfeffer aus der Mühle

frisch geriebene Muskatnuss

01 Die Butter in einer Pfanne bei mittlerer Hitze zerlassen und zu brauner Butter (Nussbutter) bräunen.

02 Die Kartoffeln schälen. Den Knoblauch schälen, in feine Scheiben schneiden und in der Nussbutter goldgelb braten. Den Thymian dazugeben und die Pfanne vom Herd nehmen.

03 Die Kartoffeln mit einem Holzlöffel in der Nussbutter zerdrücken. Die Crème fraîche und die Petersilie dazugeben, untermischen und den Dip mit Salz, Pfeffer und Muskatnuss kräftig würzen.

04 Dieser würzige Dip passt zu allem außer Obstsalat.

DER GOLDENE TIPP!
Sieht super aus und schmeckt genial: 1/2 g Safran unter die Kartoffeln mischen.

MEERRETTICH-
GRANATAPFEL-DIP

Zutaten (für 8 Personen)

1 Granatapfel ~ 1/2 Thai-Chilischote

2 Korianderstiele ~ 1 Granny-Smith-Apfel

1/2 TL Hibiskussalz (aus dem Gewürzversand)

1 TL Honig ~ 1/2 TL Wasabipaste

1 EL Reisessig ~ 1 EL Arganöl

2 EL frisch geriebener Meerrettich

01 Den Granatapfel quer halbieren, mit der aufgeschnittenen Seite jeweils in die Hand nehmen und mit einer Schöpfkelle vorsichtig die Kerne herausklopfen. Die Chilischote putzen, waschen, entkernen und die Hälften in feine Würfel schneiden. Den Koriander waschen, trocken schütteln und die Blätter sehr fein schneiden.

02 Den Apfel vierteln, schälen, entkernen und die Viertel fein reiben. Die Apfelraspel ausdrücken und den Saft in einer Schüssel auffangen. Den Apfelsaft mit Hibiskussalz, Honig, Wasabipaste, Reisessig und Arganöl glatt rühren. Koriander, Chili, Meerrettich, Granatapfelkerne und Apfelraspel untermischen.

03 Dieser Allround-Dip passt zu gebratenem Fleisch, Gemüse und Fisch.

ERDNUSS-BASILIKUM-CHILI-DIP

Zutaten (für 1 Sommervorrat)

3 Bund Basilikum

500 g Erdnussbutter chunky
  (mit Erdnussstückchen)

1 1/2 l Sweet Chili Sauce

01 Das Basilikum waschen, trocken schütteln und die Blätter abzupfen.

02 Erdnussbutter, Chili Sauce und Basilikumblätter mit dem Stabmixer pürieren. Den Dip in eine Frischhaltebox füllen und im Kühlschrank aufbewahren.

03 Dieser süßscharfe Dip passt zu fast allem – zu Gemüse, Saté-Spießen, frittierten Frühlingsröllchen, gegrilltem Fleisch und gebratenem Fisch.

Ein klassisches **1-2-3-Rezept**: 1 Glas Erdnussbutter, 2 Flaschen Chilisauce, 3 Bund Basilikum. Ich lege mir davon immer gleich einen Vorrat für den ganzen Sommer an.

BARBECUE-DIP

Zutaten (für 4 Personen)

100 ml Colagetränk

400 g passierte Tomaten (aus der Dose)

1 EL Tomatenmark ~ 1 TL scharfer Senf

4 EL Apfelmus

Koriander aus der Mühle

1/2 Limette ~ Worcestersauce

Salz ~ Tabasco

01 Die Cola in einem Topf erhitzen und auf die Hälfte einkochen lassen.

02 Die passierten Tomaten, Tomatenmark, Senf und Apfelmus zur Cola geben. Die Mischung 1 Stunde einkochen lassen. In den letzten 15 Minuten etwas Koriander unterrühren.

03 Die Limette auspressen. Den Barbecue-Dip mit Limettensaft, Worcestersauce, Salz und Tabasco abschmecken.

04 Dieser Klassiker passt zu allem Gebratenem und Gegrilltem – zu Fleisch, Fisch, Gemüse und Garnelen.

Die magischen Sieben für Gulasch: Salz, Pfeffer, Zitronenschale, edelsüßes Paprikapulver, gehackter Kümmel, frischer Majoran, Knoblauch. Alle Gewürze gibt man gleich zu Beginn ins Gulasch und lässt sie lange mitschmoren.

GESCHMORTE RINDERWANGE MIT KARTOFFEL-KÜRBIS-GULASCH

Zutaten (für 4 Personen)

Für die Rinderwangen

1 Möhre ~ 1/2 Sellerieknolle
1 Zwiebel ~ 1 Stange Lauch
2 Knoblauchknollen
2 l trockener Rotwein
50 ml Aceto balsamico
10 Wacholderbeeren
4 Nelken ~ 2 Lorbeerblätter
je 10 Senf- und Koriandersamen
1,2 kg Rinderwangen (geputzt)
Olivenöl zum Braten
Salz ~ Pfeffer aus der Mühle

Für das Kartoffelgulasch

300 g festkochende Kartoffeln
200 g Muskatkürbisfleisch
2 Schalotten ~ 1 Knoblauchzehe
100 g rote Paprikaschoten
Olivenöl zum Braten
1/2 EL Kümmelsamen
1 EL edelsüßes Paprikapulver
150 ml Rinderbrühe
1 Bio-Zitrone ~ Salz
Pfeffer aus der Mühle ~ Zucker
frisch geriebene Muskatnuss
1 Bund Estragon ~ 1 Bund Majoran

01 Die Möhre, den Sellerie und die Zwiebel schälen und in Würfel schneiden. Den Lauch putzen, waschen und in Stücke schneiden. Die Knoblauchknollen quer halbieren. Den Rotwein mit den Gemüsen, dem Essig und den Gewürzen aufkochen lassen. Die Rinderwangen hineingeben und zugedeckt 3 bis 4 Tage darin marinieren.

02 Am Zubereitungstag die Rinderwangen aus der Marinade nehmen und mit Küchenpapier trocken tupfen. Die Marinade durch ein Sieb abgießen und beiseitestellen. Etwas Olivenöl in einem Schmortopf erhitzen und die Rinderwangen darin bei mittlerer Hitze von allen Seiten leicht anbraten. Etwas Marinade angießen und die Wangen zugedeckt in 3 1/2 bis 4 1/2 Stunden weich schmoren. Zwischendurch immer wieder etwas Marinade zugießen und zum Schluss mit Salz und Pfeffer abschmecken.

03 Für das Kartoffel-Kürbis-Gulasch die Kartoffeln schälen und in 1 1/2 cm große Würfel schneiden. Das Kürbisfruchtfleisch ebenfalls in 1 1/2 cm große Würfel schneiden. Die Schalotten schälen und in Würfel schneiden. Die Knoblauchzehe andrücken. Die Paprika halbieren, entkernen und waschen. Mit dem Sparschäler schälen und die Hälften in 1 1/2 cm große Würfel schneiden.

04 In einem Topf etwas Olivenöl erhitzen, Schalotten und Knoblauchhälften darin glasig andünsten. Die Kartoffeln hinzufügen, kurz mitdünsten, Kümmel und Paprikapulver sowie Kürbis dazugeben, kurz mitdünsten und mit etwas Brühe ablöschen. Etwa 20 Minuten köcheln lassen.

05 Die Paprikawürfel und weitere Brühe zum Gulasch geben und etwa 5 Minuten schmoren lassen, bis es »schlotzig« ist. Die Zitrone heiß waschen, trocken reiben und die Schale fein abreiben. Die Zitronenschale mit Salz, Pfeffer, Zucker und Muskatnuss zum Gulasch geben. Die Knoblauchschalen entfernen.

06 Estragon und Majoran waschen, trocken schütteln, die Blätter fein schneiden und unter das Gulasch heben. Das Gulasch auf Teller verteilen und die in Stücke geschnittenen Rinderwangen mit etwas Sauce darauf anrichten.

RALFS ROULADEN ODER WENN ICH MIR ZU HAUSE GANZ VIEL MÜHE GEBE

Zutaten (für 4 Personen)

150 g Riesengarnelen

1 Birne

1 Schalotte

1 EL Majoranblätter

Öl zum Braten

100 g Boudin (weiche
   französische Blutwurst)

Salz

Pfeffer aus der Mühle

400 g Rinderfilet

1 Möhre

1 Bund kleine weiße Rübchen
   (z. B. Teltower oder Navetten)

1 Stange Lauch

2 EL Butter

Zucker

1/4 l Riesling

200 ml Rinderbrühe

01 Die Riesengarnelen schälen, den Rücken längs leicht einschneiden und den dunklen Darm entfernen. Die Garnelen in kleine Würfel schneiden. Die Birne vierteln, schälen und das Kerngehäuse entfernen. Die Birnenviertel in kleine Würfel schneiden. Die Schalotte schälen und in kleine Würfel schneiden. Die Majoranblätter fein schneiden.

02 Etwas Öl in einer Pfanne erhitzen und die Schalotte mit Birnenwürfeln und Garnelen andünsten. Den Majoran dazugeben, kurz mitdünsten. Von der Blutwurst die Haut entfernen und in einer Schüssel die Garnelenmischung mit der Wurstmasse gut vermengen. Mit Salz und Pfeffer kräftig würzen.

03 Das Rinderfilet in 8 gleich große Stücke schneiden. Die Filets zwischen 2 Bögen Frischhaltefolie mit dem Plattiereisen oder einem schweren Topf knapp 1 cm dick klopfen. Folie entfernen, die Blutwurstmasse auf die Fleischscheiben verteilen und gleichmäßig verstreichen. Die Rouladen von der schmalen Seite her straff aufrollen und die Enden jeweils mit 2 Holzspießchen fixieren. Den Backofen auf 200 °C vorheizen.

04 Die Möhre und die Rübchen schälen und in etwa 1 cm dicke Scheiben schneiden. Den Lauch putzen, waschen und ebenfalls in 1 cm dicke Scheiben schneiden. Die Butter in der Pfanne erhitzen und Möhren, Rübchen und Lauch mit 1 Prise Zucker, Salz und Pfeffer hineingeben und bei mittlerer Hitze anbraten. Mit dem Riesling ablöschen, etwas einkochen lassen und die Brühe dazugießen. Das Gemüse zugedeckt bissfest schmoren.

05 In einer Pfanne etwas Öl erhitzen und die Rouladen darin rundherum braun anbraten. Die Rouladen auf dem Ofengitter im Backofen 6 bis 8 Minuten garen. Herausnehmen und mit Alufolie bedeckt 5 Minuten ruhen lassen.

06 Das Gemüse nach Belieben mit einem Stückchen Butter oder mit in wenig Wasser angerührter Speisestärke binden. In letzterem Fall noch einmal aufkochen lassen. Das Gemüse auf Teller verteilen und die Rouladen darauf anrichten. Dazu passen Nudeln, Püree, Reis, Kartoffelstampf, Bratkartoffeln.

Echt klasse dazu schmeckt **karamellisierte Ananas**: Dafür 1/2 Ananas schälen, den holzigen Kern entfernen. Das Fruchtfleisch in Stücke schneiden und in einer beschichteten Pfanne ohne Fett braten, bis die Ananasstücke goldgelb karamellisieren. Mit 1 guten Prise Sichuanpfeffer würzen.

IN ROTWEIN POCHIERTES KALBSFILET MIT SAHNESPITZKOHL UND ROTWEIN-JUS

Zutaten (für 4 Personen)

Für das Kalbsfilet

800 g Kalbsfilet

1 TL Meersalz

Sichuanpfeffer ~ 1 Lorbeerblatt

2 Wacholderbeeren

Zimtpulver ~ 1 TL Koriandersamen

1 Bio-Orange

2 l trockener Rotwein

1 Sternanis

1 Zimtstange ~ 3 Nelken

Öl zum Braten

Für den Sahnespitzkohl

1 kleiner Spitzkohl (ca. 1,2 kg)

Salz ~ Zucker

1/2 EL Butter

2 EL Weißwein

60 ml Geflügelbrühe

200 g Sahne

1/2 EL Kümmel aus der Mühle

Für den Rotwein-Jus

3 Schalotten ~ 2 Rosmarinzweige

1/2 EL Öl

8 Pfefferkörner

1 Lorbeerblatt

2 EL Aceto balsamico

100 ml roter Traubensaft

01 Vom Kalbsfilet Silberhaut und Sehnen entfernen und alle Abschnitte für den Jus beiseitelegen. Das Meersalz mit 1 guten Prise Sichuanpfeffer, Lorbeerblatt, Wacholder, Zimt und Koriander in einem Mörser zerstoßen. Das Filet mit den Gewürzen einreiben, in Frischhaltefolie wickeln und 30 Minuten marinieren.

02 Den Spitzkohl längs vierteln und den Strunk herausschneiden. Waschen, trocken schütteln und nach Belieben in grobe Stücke oder in feine Streifen schneiden. Den Spitzkohl in einer großen Schüssel mit Salz und 1 Prise Zucker würzen und zugedeckt 30 Minuten ziehen lassen.

03 Für den Pochiersud die Orange heiß waschen, trocken reiben und die Schale abreiben. Den Rotwein mit Orangenschale, Sternanis, Zimt und Nelken in einen Topf geben, aufkochen lassen und dann auf 70 °C abkühlen lassen.

04 Für den Rotwein-Jus die Schalotten waschen und samt Schale vierteln. Den Rosmarin waschen, trocken schütteln und die Blätter abstreifen. Das Öl in einer Pfanne erhitzen und die Schalotten mit den Fleischabschnitten vom Filet goldbraun anbraten. Rosmarin, Pfeffer und Lorbeer kurz mitrösten. Den Balsamico dazugeben und einkochen lassen. Den Traubensaft hinzufügen und sirupartig einkochen lassen. 200 ml vom Pochiersud hinzufügen und auf ein Viertel einkochen lassen. Den Jus durch ein feines Sieb in einen kleinen Topf gießen.

05 Das Kalbsfilet trocken tupfen. In einer Pfanne etwas Öl erhitzen und das Filet mit Gewürzkruste bei mittlerer Hitze 1 Minute anbraten. Das Fleisch in den Pochiersud legen und bei ganz schwacher Hitze (etwa 60° C) 10 Minuten gar ziehen lassen. Den Topf vom Herd nehmen, das Fleisch im Sud ruhen lassen.

06 Für den Spitzkohl die Butter in einem großen flachen Topf erhitzen und den Kohl andünsten. Mit Weißwein ablöschen, die Brühe dazugeben und die Flüssigkeit unter ständigem Rühren bei mittlerer Hitze auf die Hälfte einkochen lassen. Die Sahne dazugeben und weiter einkochen lassen. Den Spitzkohl mit Kümmel abschmecken.

07 Den Rotwein-Jus erhitzen. Das Kalbsfilet in Scheiben schneiden und auf Tellern anrichten. Den Spitzkohl um das Filet herum verteilen. Das Fleisch mit dem Rotwein-Jus beträufeln.

KÜCHENORGANISATION
MESSER

Weniger ist mehr

Die besten Messer sind gerade gut genug, wenn man gerne kocht. Für die Grundausstattung empfiehlt sich ein Brotmesser mit Wellenschliff (rechts), als Allrounder ein großes Kochmesser (2. von rechts) oder ein asiatisches Santokumesser (3. von links) sowie ein kleines Schälmesser (ganz links). Wer häufig Fleisch zubereitet, braucht unbedingt ein Ausbeinmesser (2. von links). Allerdings leisten auch erstklassige Messer nur dann gute Dienste, wenn sie regelmäßig auf einem Schleifstein (ganz rechts) geschärft werden.

KNUSPRIGER SCHWEINEBAUCH MIT JAKOBSMUSCHELN AUF FELDSALAT

Zutaten (für 4 Personen)

400 g Schweinebauch
Salz ~ Pfeffer aus der Mühle
Zucker ~ 8 Jakobsmuscheln
Öl zum Braten

Für die Marinade

1 Knoblauchknolle
5 Thai-Chilischoten
80 ml helle Sojasauce
40 ml Austernsauce
40 ml Reisessig ~ 1 TL Zucker
20 g Sesamsamen
2 Korianderstiele

Für den Feldsalat

100 g Feldsalat
1 Handvoll Kräuterblätter
   (z. B. Dill, Kerbel, Petersilie,
   Estragon, Basilikum)
1 Schalotte
4 EL weißer Aceto balsamico
1 TL Senf
Salz ~ Pfeffer aus der Mühle
Zucker ~ 4 EL Öl

01 Den Schweinebauch mit Salz, Pfeffer und 1 Prise Zucker würzen und 15 Minuten ruhen lassen. In einem Topf Salzwasser zum Kochen bringen und den Schweinebauch darin 20 Minuten garen. Den Backofen auf 160 °C vorheizen. Den Schweinebauch auf das Ofengitter legen und im Backofen 40 Minuten garen.

02 Für die Marinade die Knoblauchzehen von der Knolle lösen und ungeschält in kleine Würfel schneiden. Die Chilischoten putzen, waschen und in feine Ringe schneiden. Sojasauce, Austernsauce, Reisessig, Zucker, Chilis und Knoblauch verrühren und 10 Minuten ziehen lassen.

03 Den Feldsalat putzen, waschen und trocken schleudern. Für die Vinaigrette die Kräuter waschen und trocken tupfen. Die Schalotte schälen, halbieren und mit 20 ml Wasser, Essig, Senf, Kräutern, Salz, Pfeffer und 1 Prise Zucker im Küchenmixer oder mit dem Stabmixer fein pürieren. Nach und nach das Öl dazugießen und weiter pürieren, bis eine sämige Sauce entsteht.

04 Den Schweinebauch unter dem Backofengrill etwa 5 Minuten grillen, bis die Kruste goldbraun ist.

05 Die Sesamsamen in einer Pfanne ohne Fett rösten, bis sie aromatisch duften. Den Koriander waschen, trocken schütteln und die Blätter fein schneiden. Die Marinade durch ein Sieb gießen und mit Sesam und Koriander mischen.

06 Die Jakobsmuscheln trocken tupfen und mit Salz und etwas Zucker bestreuen. In einer Pfanne wenig Öl erhitzen und die Jakobsmuscheln darin von jeder Seite etwa 1 Minute anbraten.

07 Den Schweinebauch in Scheiben schneiden und mit der Marinade beträufeln. Den Feldsalat auf Teller verteilen und mit der Kräuter-Vinaigrette beträufeln. Den Schweinebauch und die Jakobsmuscheln darauf anrichten.

PAPAS BRATKARTOFFELN

Zutaten (für 4 Personen)
600 g festkochende Kartoffeln
Salz ~ 2–3 Lorbeerblätter
1 TL Kümmelsamen
1 Zwiebel ~ 1 Knoblauchzehe
80 g geräucherter Bauchspeck
1 kleines Bund Schnittlauch
60 g Butter
Pfeffer aus der Mühle
Paprikapulver

01 Die Kartoffeln waschen und in gut gesalzenem Wasser mit Lorbeer und Kümmel gar kochen. Die Kartoffeln abgießen, ausdampfen lassen und noch heiß schälen. Danach ganz auskühlen lassen (am besten über Nacht).
02 Zwiebel und Knoblauch schälen und in kleine Würfel schneiden. Die Kartoffeln in 3 mm dicke Scheiben, den Speck in Würfel schneiden. Den Schnittlauch waschen, trocken schütteln und in Röllchen schneiden.
03 Die Butter in einer Pfanne erhitzen und die Kartoffeln darin goldbraun braten – dabei nicht zu oft wenden. Mit Salz, Pfeffer und 1 Prise Paprika würzen.
04 Den Speck zu den Kartoffeln geben und 2 bis 3 Minuten mitbraten. Die Zwiebel dazugeben, 4 bis 5 Minuten mitbraten, dann den Knoblauch hinzufügen, ebenfalls kurz mitbraten und alles mit Salz und Pfeffer abschmecken. Zum Schluss den Schnittlauch darübergeben.

BRATKARTOFFELN MIT MAJORAN

Zutaten (für 4 Personen)
600 g Salzkartoffeln vom Vortag
   (über Nacht offen stehen lassen)
1 Zwiebel
1 Knoblauchzehe
1–2 Petersilienstiele
2 Majoranstiele
1/4 TL Kümmelsamen
1 EL Schweineschmalz
Salz ~ Pfeffer aus der Mühle

01 Die Kartoffeln in 1/2 cm dünne Scheiben schneiden. Die Zwiebel schälen und in feine Streifen schneiden. Den Knoblauch mit einer Messerklinge andrücken. Die Petersilie und den Majoran waschen, trocken schütteln und die Blätter fein schneiden. Den Kümmelsamen fein hacken.
02 Das Schweineschmalz in einer Pfanne erhitzen und die Kartoffeln darin goldgelb anbraten. Zwiebeln und Knoblauch dazugeben und glasig mitbraten. Dann Kräuter und Kümmel untermischen und mit Salz und Pfeffer würzen.

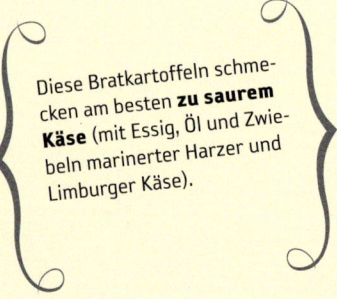

Diese Bratkartoffeln schmecken am besten **zu saurem Käse** (mit Essig, Öl und Zwiebeln marinierter Harzer und Limburger Käse).

BRATKARTOFFELN »BRALEWU«

Zutaten (für 4 Personen)
500 g Pellkartoffeln vom Vortag
1 Bund Frühlingszwiebeln
1/2 Bund Majoran ~ 1 Zwiebel
1 Chilischote ~ Olivenöl zum Braten
1 EL Butter
Salz ~ Pfeffer aus der Mühle
frisch geriebene Muskatnuss
100 g geräucherte grobe Leberwurst

01 Die Kartoffeln schälen und in 1/2 cm dicke Scheiben schneiden. Die Frühlingszwiebeln putzen, waschen und in feine Ringe schneiden. Den Majoran waschen, trocken schütteln und die Blätter fein schneiden. Die Zwiebel schälen und in kleine Würfel schneiden. Die Chilischote halbieren, entkernen, waschen und ebenfalls in kleine Würfel schneiden.
02 Etwas Olivenöl in einer Pfanne erhitzen und die Kartoffelscheiben darin von beiden Seiten knusprig braten. Dann die Butter mit Zwiebel, Chili, Frühlingszwiebeln und Majoran dazugeben und ein paar Minuten mitbraten. Die Bratkartoffeln mit Salz, Pfeffer und Muskatnuss würzen.
03 Die Leberwurst grob zerkleinern, zu den Bratkartoffeln geben und kurz mitschwenken.

BRATKARTOFFELN MIT CHORIZO

Zutaten (für 4 Personen)
5 große festkochende Kartoffeln
1 EL Öl
120 g Chorizo (am Stück)
2 EL Majoranblätter
Salz
Pfeffer aus der Mühle

01 Die Kartoffeln schälen und längs halbieren. Die Hälften in etwa 4 mm dicke Scheiben schneiden.
02 Das Öl in einer großen beschichteten Pfanne erhitzen. Die Kartoffelscheiben hineingeben und bei mittlerer Hitze etwa 10 Minuten braten, bis sie gar und goldbraun sind. Zwischendurch immer wieder schwenken.
03 Die Chorizo pellen und in dünne Scheiben schneiden. Die Chorizoscheiben zu den Kartoffeln geben und 1 bis 2 Minuten mitbraten. Die Majoranblätter untermischen und die Kartoffeln mit Salz und Pfeffer würzen.

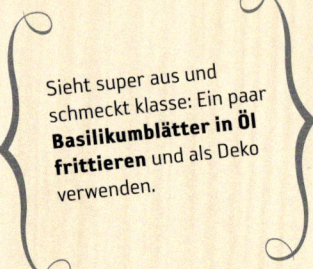

Sieht super aus und schmeckt klasse: Ein paar **Basilikumblätter in Öl frittieren** und als Deko verwenden.

LAMMRÜCKEN IM ARTISCHOCKENBODEN MIT RUCOLA

Zutaten (für 4 Personen)

4 große Artischocken

Saft von 1 Zitrone

200 ml Geflügelbrühe

1/2 Bund Thymian

1/2 Bund Rosmarin

3 Knoblauchzehen

800 g Lammrücken
   (ausgelöst und pariert)

Salz ~ Pfeffer aus der Mühle

Olivenöl zum Braten

5 Schalotten

1 rote Paprikaschote

1 gelbe Paprikaschote

1 Zucchino

Zucker

150 g Sahne

frisch geriebene Muskatnuss

1 Bund Basilikum

100 ml Lammfond (aus dem Glas)

bestes Olivenöl

120 g Pinienkerne

2 Bund Rucola

2 EL alter Aceto balsamico

01 Die Artischocken putzen, d. h. den Stiel ausbrechen, die Blätter abschneiden, das »Heu« entfernen und die Böden von faserigen Stellen befreien. Die Böden sofort mit Zitronensaft beträufeln. Die Brühe zum Kochen bringen. Thymian und Rosmarin waschen und trocken schütteln, 2 Knoblauchzehen mit einer Messerklinge andrücken. Die Artischockenböden mit zwei Dritteln der Kräuter und den Knoblauchzehen in der Brühe 12 bis 15 Minuten blanchieren.

02 Den Lammrücken in 4 Stücke teilen und so zuschneiden, dass sie in die Artischockenböden passen. Die Stücke mit Salz und Pfeffer würzen, in etwas Öl bei starker Hitze rundherum braun anbraten und dann kalt stellen.

03 Die Fleischabschnitte in sehr kleine Stücke schneiden. Die restliche Knoblauchzehe und 3 Schalotten schälen, in kleine Würfel schneiden und mit Salz und Pfeffer unter die Fleischstückchen mischen und 30 Minuten marinieren.

04 Paprika und Zucchino putzen, waschen, in kleine Würfel schneiden. Die Pfanne vom Fleischbraten wieder erhitzen und die Gemüsewürfel bei schwacher Hitze farblos andünsten. Mit Salz, Pfeffer und Zucker würzen und kalt stellen.

05 Fleischabschnitte mit Sahne im Küchenmixer zu einer glatten Farce pürieren, mit Gemüsewürfeln untermischen. Die Blätter der übrigen Thymian- und Rosmarinzweige klein hacken, untermischen. Mit Salz, Pfeffer, Muskat würzen.

06 Backofen auf 180 °C vorheizen. Basilikum waschen, die Blätter überlappend zu einer »Matte« auslegen und die Lammstücke darin einwickeln. Einen Teil der Farce in die Artischockenböden füllen. Die Lammstücke darauflegen und mit der übrigen Farce bedecken. Die Artischocken in einer ofenfesten Form im Ofen 15 bis 18 Minuten garen. Dabei immer wieder mit etwas Brühe ablöschen.

07 Die übrigen Schalotten schälen und in kleine Würfel schneiden. Den Lammfond mit den Schalotten sämig einkochen lassen. Mit bestem Olivenöl würzen.

08 Die Pinienkerne in einer Pfanne ohne Fett hellbraun rösten. Den Rucola putzen, waschen, trocken schleudern und in bestem Olivenöl leicht andünsten. Mit Essig ablöschen und die Pinienkerne untermischen.

09 Den Rucola auf Teller verteilen. Die Artischockenböden halbieren und darauf anrichten. Die Sauce außen herum verteilen.

TOPFENSCHAUM MIT KARAMELLISIERTER CHILI-MANGO

Zutaten (für 4 Personen)

1 große oder 2 kleine Mangos
   (ersatzweise Pfirsiche)
50 g Zucker
300 ml Orangensaft
2–4 Spritzer Tabasco

Für den Topfenschaum

300 g Quark
1 Bio-Limette
25 g Zucker
80 g Sahne
3 Eiweiß
50 g Puderzucker
Salz

Für die Deko

Cantucci oder Mandelkrokant
Basilikumblätter

01 Die Mangos schälen und das Fruchtfleisch vom Stein schneiden. Aus den großen Stücken 1 cm große Würfel schneiden. Das restliche Fruchtfleisch möglichst fein hacken.

02 Den Zucker in dem Topf bei mittlerer Hitze karamellisieren. Mit Orangensaft ablöschen, das gehackte Mangofruchtfleisch dazugeben und alles sirupartig einkochen lassen. Das Fruchtfleisch mit dem Stabmixer fein pürieren und mit Tabasco würzen. Die Mangowürfel mit dem Mangopüree mischen und marinieren lassen.

03 Für den Topfenschaum den Quark in ein Küchentuch geben und die Flüssigkeit etwas auspressen. Die Limette heiß waschen, trocken reiben und die Schale abreiben. Quark, Limettenschale und Zucker glatt rühren. Die Sahne mit dem Handrührgerät steif schlagen und unter die Quarkmasse heben. Die Eiweiße, den Puderzucker und 1 Prise Salz mit dem Handrührgerät zu steifem Eischnee schlagen und ebenfalls unterheben.

04 Das Mangokompott und den Topfenschaum abwechselnd (je etwa 2 cm hoch) in Whisky-Tumbler füllen. Mit Mangokompott beginnen und mit Topfenschaum abschließen.

05 Die Cantucci grob hacken und das Dessert mit Basilikumblättern und Cantucci-Stückchen garnieren.

Feine Streifen von einer frischen roten Chilischote sind ein **toller Kontrast** im Mangodessert – allerdings nicht ganz so einfach zu dosieren wie Tabasco.

BIRNE IN ACETO BALSAMICO
AUF VANILLE-POLENTA MIT ROSMARINEIS

Zutaten (für 4 Personen)

Für das Rosmarineis

500 g Sahne ~ 120 g Zucker

6 Eigelb ~ 30 g Rosmarin

Für die Vanille-Polenta

3 Vanilleschoten

1/2 l Milch ~ 120 g Zucker

150 g Polentagrieß

Zimtpulver ~ 30 g Butter

Für die Birnen

1/2 l Weißwein

150 g brauner Zucker

1 Sternanis ~ 1 Zimtstange

2 große vollreife
   Williams-Christ-Birnen

4 cl Birnenschnaps
   (Williams Christ)

4 EL Aceto balsamico

2 EL bestes Olivenöl

1 Stück Parmesan zum Hobeln

01 Für das Rosmarineis die Sahne und den Zucker in einen Topf geben und aufkochen. Die Eigelbe mit dem Schneebesen schaumig schlagen und die kochende Sahne unter ständigem Rühren unterschlagen. Die Mischung durch ein feines Sieb gießen. Den Rosmarin fein hacken und unterrühren. Die Sahnemischung im Tiefkühlfach gefrieren lassen.

02 Für die Vanille-Polenta die Vanilleschoten längs aufschneiden, das Mark auskratzen. Die Milch mit Vanillemark, -schoten und Zucker in einen Topf geben, aufkochen und den Polentagrieß unter Rühren einrieseln lassen. Auf kleiner Flamme etwa 1 Stunde ziehen lassen, bis die Polenta schön cremig ist. Mit 1 Prise Zimtpulver würzen und mit der Butter glatt rühren.

03 Für die Birnen Weißwein, braunen Zucker, Sternanis und Zimtstange in einem Topf zum Kochen bringen. Die Williamsbirnen schälen, halbieren und die Kerngehäuse entfernen. Die Birnen im Weinsud weich pochieren.

04 Die Birnen mit dem Schaumlöffel aus dem Sud nehmen und kalt stellen. Den Sud so lange einkochen, bis die Flüssigkeit verdampft ist und der Zucker karamellisiert. Dann mit Birnenschnaps und Aceto balsamico ablöschen. Anschließend den Sud durch ein feines Sieb gießen und kalt stellen.

05 Die lauwarme Vanille-Polenta auf Teller verteilen, die Birnen seitlich anlegen und den Aceto-Sud mit Olivenöl außen herum träufeln. Das Eis in Nocken daneben setzen und etwas Parmesan darüberhobeln.

Tasmanischer Pfeffer schmeckt zunächst leicht süßlich, dann sehr scharf. Er wächst in Australien, vor allem – wie sein Name verrät – im Bundesstaat Tasmanien und wird dort gerne im so genannten »bush food« verwendet. Man bekommt ihn in Feinkostläden oder kann ihn übers Internet bestellen.

SÜSSER STRAMMER MAX

Zutaten (für 4 Personen)

Für den »Schinken«
250 g Marzipan
150 g Puderzucker
1 EL Grenadinesirup
200 g Vanilleeis

Für das »Spiegelei«
2 Blatt weiße Gelatine
1/2 Bio-Zitrone
1/2 Vanilleschote ~ 200 g Sahne
1 EL brauner Zucker ~ 2 Aprikosen

Für das Dressing und den Salat
je 1 Bio-Orange, Bio-Zitrone,
Bio-Limette und Bio-Grapefruit
2 EL weißer Aceto balsamico
1 TL Honig ~ Salz
tasmanischer Pfeffer aus der Mühle
2 EL Traubenkernöl
2 Romana-Salatherzen

Für die Toasts
1/2 Bio-Zitrone ~ 3 Eier
100 ml Milch ~ Zimtpulver
60 g brauner Zucker
4 Scheiben Sandwichtoast
2 EL Butterschmalz
Zimtpulver und brauner Zucker

01 Für den »Schinken« das Marzipan mit Puderzucker und Grenadinesirup verkneten. Das Marzipan zwischen zwei Bögen Pergamentpapier zu einer 1 mm dünnen Platte ausrollen und ein paar Minuten in das Tiefkühlgerät legen.

02 Das Vanilleeis glatt rühren. Die Marzipanplatte aus dem Tiefkühlgerät nehmen und das Vanilleeis daraufstreichen. Die Marzipanplatte über die Mitte zusammenklappen und etwa 1 Stunde gefrieren lassen.

03 Für das »Spiegelei« die Gelatine in kaltem Wasser einweichen. Die Zitrone heiß waschen, trocken reiben, die Schale abreiben, den Saft auspressen. Vanilleschote längs aufschneiden, das Mark herauskratzen. Sahne, Vanillemark, Zitronenschale und Zucker verrühren. Zitronensaft erwärmen, die Gelatine ausdrücken und unter Rühren darin auflösen. Die Mischung unter die Sahne rühren.

04 Einen großen Bogen Frischhaltefolie auslegen und mit Wasser befeuchten. Die Sahne in 4 spiegeleiartigen »Fladen« darauf gießen und erstarren lassen.

05 In der Zwischenzeit die Aprikosen mit kochend heißem Wasser übergießen, eiskalt abschrecken und häuten. Die Aprikosen halbieren, die Kerne entfernen und die halben Früchte als Dotter auf die »Spiegeleier« setzen.

06 Für das Dressing die Zitrusfrüchte heiß waschen, trocken reiben, die Schalen abreiben und den Saft auspressen. Saft und Schalen der Zitrusfrüchte mit Essig, Honig, 1 Prise Salz und tasmanischem Pfeffer verrühren und mit dem Traubenkernöl leicht binden. Die Salatherzen waschen und trocken schütteln.

07 Für die Toasts die Zitrone heiß waschen, trocken reiben und die Schale abreiben. Die Eier mit Milch, Zimt, Zucker und Zitronenschale verrühren, das Toastbrot einlegen. Die Toastscheiben im heißen Butterschmalz ausbacken.

08 Die gefüllte Marzipanplatte aus dem Tiefkühlgerät nehmen und zwischen 2 Bögen Pergamentpapier zu einem 2 bis 3 mm dünnen Rechteck ausrollen (durch die Risse im Marzipan sieht die Platte aus wie ein marmorierter Schinken). Aus der Platte 4 Rechtecke von der Größe der Toastscheiben schneiden.

09 Die Salatherzen mit dem Dressing marinieren und auf den Toast legen. Den »Schinken« darauflegen und das Ganze mit je 1 »Spiegelei« krönen. Zimt und Zucker mischen und die Spiegeleier damit bestreuen.

NOUGATTÖRTCHEN MIT GESALZENEN ERDNÜSSEN, KOKOSEIS UND PASSIONSFRUCHT

Zutaten (für 4 Personen)

Für das Eis

1 Vanilleschote ~ 3 Bio-Limetten
600 ml Kokosmilch ~ 150 g Zucker
60 g Glucosesirup
   (aus der Konditorei)

Für die Törtchen

Butter und Zucker
   für die Schälchen
60 g Nougat
45 g Zartbitterkuvertüre
110 g Butter
40 g gesalzene Erdnüsse
110 g Zucker ~ 3 Eier ~ 45 g Mehl

Für den Passionsfruchtschaum

4 Eigelb
100 ml Passionsfruchtmark
   (aus dem Feinkostladen;
   vorzugsweise von Boiron)
100 g Zucker ~ 1/2 Bund Basilikum

Für die Deko

4 Passionsfrüchte
Minzeblätter

01 Für das Eis die Vanilleschote längs aufschneiden und das Mark herauskratzen. Die Limetten heiß waschen und trocken reiben. Die Schale fein abreiben und den Saft auspressen. Kokosmilch, Zucker, Glucosesirup, Vanillemark, Limettensaft und -schale verrühren und in der Eismaschine gefrieren lassen.

02 Für die Törtchen 4 Souffléförmchen (8 cm Durchmesser) mit Butter ausstreichen und mit Zucker ausstreuen. Den Backofen auf 190 °C vorheizen. Den Nougat, die Kuvertüre und Butter in Stücke schneiden und über dem Wasserbad schmelzen lassen. Die Erdnüsse hacken. Zucker und Eier unter die Nougatmasse rühren, das Mehl mit den Erdnüssen unterheben. Die Masse in die Förmchen füllen und im Ofen (Mitte) 15 bis 20 Minuten backen. Die Törtchen herausnehmen und stürzen.

03 Für den Fruchtschaum die Eigelbe mit Passionsfruchtmark und Zucker über dem Wasserbad schaumig schlagen. Das Basilikum waschen, trocken schütteln, die Blätter abzupfen und in sehr feine Streifen schneiden. Die Basilikumstreifen unterheben und den Schaum warm halten.

04 Die Törtchen auf Teller geben, jeweils 1 Kugel oder 1 Nocke Eis daneben anrichten und mit Passionsfruchtschaum umgießen. Die Passionsfrüchte halbieren, mit einem Löffel die Kerne entnehmen und das Dessert mit Passionsfruchtkernen und Minzeblättern dekorieren.

Echte **Hingucker** für die dunklen Nougattörtchen: 100 g Zucker schmelzen lassen, mit 2 Tropfen roter Lebensmittelfarbe färben und mit einem Löffel Fäden ziehen bzw. auf Backpapier Gitter aufmalen.

VIELEN, VIELEN DANK!

Was wären wir ohne die Menschen ...

... die dazu verholfen haben, dass es die DIE-KOCHPROFIS-Sendung überhaupt gibt! Die vielen Leute rund um unsere Sendung möchten wir hier ganz besonders erwähnen. In völlig ungeordneter Reihenfolge fangen wir also einmal an.

Da wären: Stefan Albrecht, nicht verwandt mit der großen Lebensmittelkette in »Nord« und »Süd«, sondern unser netter Autor, der sich des Öfteren schon den Kopf zerbrochen hat, wie so manch ein Dilemma doch noch in ein gutes Licht zu rücken ist. Gleiches gilt für Harry Hotz; auch er arbeitet nahezu unermüdlich an dem, was wir Storyboard nennen. Benno Sonnen und Gerald Gareis – Kuckuck: Bitte lächeln! Für euch doch immer, denn die zwei sind unsere Kameramänner. Gorden Wüst, unser Mädchen – oder besser gesagt Mann – für alles, der offiziell für unsere Ausstattung zuständig ist. Gorden, vielen Dank für all das schicke »Zeug«, das du ständig für uns ranschaffst. Alex und Christian, ihr gehört natürlich auch dazu! Alexandra Heinzelmann, die Frau für die Maske: Oh, wie gut, dass es dich gibt! Claus Reichard: Er ist zuständig für die Produktion und dafür, dass wir rechtzeitig überall ankommen, unsere Drehdispo gemacht wird und so vieles mehr. Bärbel Jacks, unsere Chefin in der Redaktion. Helmut Kastner, es danken dir deine Saubuam! Nicolas Paalzow: Vielen Dank für den Affenaufstand, den du gemacht hast, damit wir wieder eine neue Senderheimat gefunden haben. 1000-mal danke natürlich an RTL II und alle fleißigen Leute dort, die für unsere Sendung arbeiten.

So, und nun zum Kochbuch: Gerti Köhn, danke für deine Hartnäckigkeit in Hinblick auf unsere Rezepte und dass du uns vier so toll unter einen Hut gebracht hast. An Petra Flocke (den Doktortitel haben wir weggelassen, weil sich das so »süßer« anhört): Vielen, vielen Dank. Natürlich auch an alle anderen Verantwortlichen im Egmont-vgs-Verlag, die bei unserem Buch mitgearbeitet haben. Kochbücher ohne Bilder? Layout und Fotos sind von Helmut Henkensiefken, und ihm gebührt natürlich ein besonderer Riesendank!

Unendlichen Dank auch an unsere Familien, die uns in nahezu jeder Lebenslage unterstützen (eingeschlossen sind selbstverständlich alle unsere besseren Hälften!).

Und natürlich an Manu: Wir sind glücklich, dass es dich gibt!

Ralf   Stefan   Mario   Martin